_____ 에게

세계 역사 속에서 더 큰 꿈을 찾길 바라며

열 살에 꼭 알아야 할 세계사

열 살에 꼭 알아야 할
세계사

황근기 지음 | 이용규 그림

책머리에

세계 역사의 생생한 현장 속으로

"역사란 무엇일까요?"라고 물어보면, 머리부터 감싸는 어린이들이 꽤 많아요. 역사를 복잡하고 어렵다고 생각하기 때문이죠. 하지만 역사는 그렇게 어려운 게 아니에요. '우리가 살아온 이야기'가 바로 역사니까요.

'우리 민족이 살아온 이야기'는 한국사라고 하고, '인류가 살아온 이야기'는 세계사라고 부르고 있지요. 요즘은 다른 나라에서 벌어지는 일을 강 건너 불구경하듯 할 수 없어요. 중국, 미국, 유럽, 중동 등에서 일어나는 여러 가지 일이 우리나라에도 큰 영향을 미치기 때문이죠.

여러분도 뉴스를 통해 이스라엘과 팔레스타인이 치열하게 싸우고 있다는 소식을 접한 적이 있을 거예요. 이 두 나라는 왜 그렇게 끊임없이 다투고 있는 걸까요? 그 이유를 알려면 먼저 그들의 역사를 알아야 해요.

즉, 역사를 알아야 다른 나라 사람들의 삶을 깊이 있게 이해할 수 있고, 우리나라와 다른 나라와의 관계도 이해할 수 있는 거예요.

이처럼 세계사를 아는 건 매우 중요하지만, 세계사를 좋아하는 어린이들은 많지 않아요. 왜 그럴까요? 집에 있는 세계사 책을 한번 펼쳐 보세요. 고대부터 현대까지 복잡한 사건을 쭉 나열해 놓은 교과서 같은 책이 대부분이죠? 솔직히 그렇게 딱딱한 역사책을 누가 좋아하겠어요? 그래서 저는 세계 곳곳으로 직접 여행을 다니며 직접 경험하고 배운 이야기를 여러분에게 생생하게 전해 주고 싶었어요. 이 책의 주인공인 소라와 아빠는 역사가 처음 시작된 고대 문명지부터 현재의 분쟁 지역까지 역사의 한 획을 그은 곳을 직접 찾아다니면서 여러분에게 인류가 살아온 이야기를 들려줄 거예요. 두 사람과 함께 세계사 여행을 하다 보면, 여러분도 세계 역사를 좀 더 실감 나게 체험해 볼 수 있을 거라고 생각해요.

또한 이 책은 주제별로 세계 역사를 비교해 볼 수 있게 구성되었어요. 예를 들어 '세계 역사를 뒤흔든 혁명'에서는 세계의 역사를 바꾼 중요한 혁명을 한눈에 살펴볼 수 있지요. 이런 구성 덕분에 세계 역사의 흐름을 잘 모르는 친구들도 부담 없이 읽을 수 있을 거예요.

자, 이제 생생한 역사의 현장으로 뛰어 들어가 볼까요?

황근기

차례

책머리에 세계 역사의 생생한 현장 속으로 · 4

여행을 떠나기 전에 · 10

1장 지구라트로 가는 머나먼 여정 · 14
열 살 세계사 – 인류의 역사가 시작된 4대 문명 · 20

2장 콜로세움에서 만난 로마 병사 · 27
열 살 세계사 – 세계를 지배한 로마 제국 · 32

3장 라마단에서 살아남기 · 39
열 살 세계사 – 세계 역사를 움직이는 종교 · 44

4장 우리 아빠는 중세 기사 · 53
열 살 세계사 – 중세 유럽의 역사를 바꾼 전쟁 · 59

5장 그랜드 바자르에서 탈출하기 · 66
열 살 세계사 – 동서양에 걸친 대제국 · 71

6장 중국에서 세계로 연결된 비단길 · 77
열 살 세계사 – 동아시아 역사를 움직인 중국 왕조들 · 81

7장 민주주의의 상징, 영국 국회 의사당 · 88
열 살 세계사 – 세계 역사를 뒤흔든 혁명 · 93

8장 콜럼버스는 영웅일까? 침략자일까? · 100
열 살 세계사 – 세계 지도를 바꾼 탐험 · 105

9장 루브르 박물관 하루 만에 정복하기 · 113
열 살 세계사 – 세계를 변화시킨 문화와 예술 · 118

10장 아우슈비츠 강제 수용소에 갇히다 · 126
열 살 세계사 – 세계를 혼란스럽게 만든 세계 대전 · 131

11장 베를린 장벽에 새겨져 있는 역사 · 141
열 살 세계사 – 세계 대전 이후 새롭게 등장한 국가들 · 146

12장 올리브 가지를 든 아이들 · 154
열 살 세계사 – 세계의 분쟁 지역과 평화 · 159

여행을 떠나기 전에

"아, 심심해. 아빠! 여름 방학인데 어디 놀러 안 가요?"

소라가 아침부터 볼멘소리를 했어요. 회사원인 엄마는 아침 일찍 출근하고, 프리랜서 사진작가인 아빠는 책상에 앉아 느긋하게 여행 책을 뒤적이고 있었지요.

소라는 아빠의 눈치를 보며 좀 더 큰 소리로 말했어요.

"아, 심심하다, 심심해!"

소라의 말을 들었는지 어쨌는지 아빠는 모른 척 대장이에요. 책에다 밑줄을 죽죽 긋고, 지구본을 휙휙 돌리고, 컴퓨터 자판을 타타타……. 곧 세계 여행을 떠날 거라나 뭐라나. 저번 여행을 다녀와서는 다음번에 소라도 꼭 데려간다고 하더니만, 까맣게 잊어버렸나 봐요.

'약속을 안 지킨다는 거지? 흥! 칫! 뿡!'

소라는 약이 바짝바짝 오르는데, 아빠는 이제 흥얼흥얼 콧노래까지 불러요.

"음음음~ 정글 숲을 지나서 가자~♪ 엉금엉금 기어서 가자~♬"

며칠 동안 소라는 애교 작전도 펼치고, 세상에서 가장 처량하고 슬픈 초딩 연기도 해 봤지만, 아빠는 꿈쩍도 하지 않았어요.

"아빠는 이기적이야!"

참다못한 소라가 소리를 버럭 질렀어요. 그제야 아빠가 고개를 들고 소파에서 잔뜩 토라져 있는 소라를 보았어요. 소라의 두 눈에 눈물이 그렁그렁 맺혀 있었어요.

"아빠가 이기적이라고? 왜 그렇게 생각하지?"

아빠가 소라에게 다가와 곁에 앉으며 물었어요.

"아빠는…… 약속도 안 지키고 이번에도 혼자 여행 가잖아요. 그래서 이기적이라고요. 아빠, 미워!"

소라의 말에 아빠가 고개를 갸웃갸웃거렸어요.

"글쎄, 소라 네 말에 아빠는 동의할 수가 없어. 아빠가 어디가 이기적이야? 널 낳아서 이렇게 예쁘게 키운 데다, 여름 방학을 어떻게 하면 알차게 보낼까 싶어 이번 세계 여행도 데려가려고 준비하고 있는걸. 이런 아빠가 어디 있어?"

아빠는 손에 든 여권을 까닥까닥 흔들며 말했어요. 그러고는 여권을 펴 보였는데…… 세상에나, 소라의 사진이 붙은 여권이었어요.

"내 여권이네? 그럼 나도 이번 여행에 데려가는 거예요? 정말? 언제 준비했어요?"

여권을 보고 소라의 눈물이 쏙 들어갔어요.

"야호! 정말이네! 왜 말 안 했어요? 진짜 세계 여행 가는 거죠?"

"그럼."

아빠가 고개를 끄덕였어요.

소라를 놀리는 게 재미있어서 아빠는 그동안 소라에게 아무 말도 하지 않았어요. 그 덕분에 소라의 애교도 실컷 보고, 안마도 받았지요.

"우아~ 나도 세계 여행 간다아~"

소라는 소파 위에서 방방 뛰며 소리쳤어요.

"소라야, 그만 뛰어. 비행기 타기도 전에 멀미할 것 같아. 스톱!"

아빠가 소라를 말렸지만, 소라는 멈출 생각이 없었어요. 한참을 팔짝팔짝 뛰어다니더니 소라가 아빠한테 매달리며 말했어요.

"아빠, 사랑해요. 아빠는 정말 최고로 멋진 아빠예요."

1장
지구라트로 가는 머나먼 여정

　소라와 아빠가 첫 번째로 찾은 곳은 이라크에 있는 우르(지금의 탈알무카이야르)예요. 아빠는 사진작가라서 전 세계 곳곳을 다녔지만 이라크에는 한 번도 와 본 적이 없대요.

　"이곳에서 내 평생의 역작을 찍을 거야."

　아빠는 포부도 당당하게 말했지요. 소라와 아빠는 우르에 있는 지구라트 신전을 찾아가기로 했어요. 기원전 3300년경 만들어진 세계 최초의 문자 점토판이 발견된 곳이지요. 문자의 발명을 기준으로 인류의 선사 시대와 역사 시대가 나뉘어지는데, 학자들이 인류의 역사가 기원전

3300년경에 시작되었다고 말하는 것도 이 점토판 때문이랍니다.

우르에 도착한 소라와 아빠는 지구라트로 가기 위해 다시 버스로 갈아탔어요.

"아빠, 지구라트는 언제, 누가 지었어요?"

"지구라트는 기원전 메소포타미아 문명을 이룩한 사람들이 만든 건축물이야."

"메소포타미아 문명? 아하, 고대 4대 문명의 한 곳이죠? 메소포타미아 문명, 이집트 문명, 인더스 문명, 황하 문명. 메소포타미아 문명은 무슨 강 주변에서 시작됐다고 했는데……."

소라가 기억을 더듬고 있는데, 아빠는 얼른 아는 체를 했어요.

"티그리스와 유프라테스 강 유역에서 발생했지."

고대 4대 문명은 모두 큰 강을 끼고 일어났다고 해요.

"우아, 아빠는 사진만 잘 찍는 줄 알았더니 세계 역사 상식도 풍부하네요."

소라가 칭찬을 하자 아빠는 거드름을 피우며 말했어요.

"하하하, 뭘 이 정도 가지고. 앞으로 모르는 거 있으면 아빠한테 다 물어봐."

지구라트로 가는 동안 황량한 사막 풍경이 끝없이 이어졌어요. 게다가 비포장도로여서 허리와 엉덩이가 점점 아파 왔어요.

"아빠, 아직 멀었어요? 몇 시간째 똑같은 자세로 앉아 있었더니, 엉덩이가 짓무르는 거 같아요."

소라가 투덜거리자 아빠가 말했어요.

"소라야, 원래 여행이란 게 이런 거야. 이런 걸 참고 견뎌야……."

아빠의 잔소리가 길어졌어요. 소라는 얼른 눈을 감고 코 고는 소리를 냈어요. 아빠의 잔소리를 듣는 것보다는 엉덩이가 아픈 게 차라리 낫겠다 싶었거든요.

"드르렁드르렁……."

그러다 진짜 잠이 들어 버렸나 봐요. 소라는 아빠가 어깨를 흔드는 바람에 겨우 잠에서 깼어요.

"소라야, 얼른 일어나 짐 챙겨. 내려야 해."

버스는 사람들을 내려놓고 뽀얀 먼지를 풀풀 날리며 멀어져 갔어요.

"아빠, 지구라트가 도대체 어디 있는 거예요?"

"휴우, 아직 도착한 게 아니야. 여기서 차를 갈아타든가, 낙타를 타고 가야 한대."

"아빠, 낙타 타고 가요. 엉덩이가 아파서 차는 더 못 타겠어요."

"그게 좋겠다. 아빠도 낙타를 타 본 적은 없지만 특별한 경험이 되겠는걸."

아빠는 곧바로 근방에서 낙타 두 마리를 빌려왔어요.

소라가 안장에 앉자마자 낙타가 앞발을 쭉 펴고 벌떡 일어났어요.

"어어어어!"

갑자기 몸이 뒤로 쏠리는 바람에 하마터면 뒤로 넘어질 뻔했지요.

"소라야, 조심해. 왜 그렇게 덜렁대니?"

아빠가 깜짝 놀라며 주의를 주었어요.

그때 아빠가 탄 낙타가 벌떡 일어나자, 아빠는 소라보다 더 큰 소리로 비명을 질렀어요.

"으아아아!"

낙타 주인이 재빨리 잡아 주지 않았으면 아빠는 아마 바닥으로 굴러떨어졌을 거예요.

"아빠, 괜찮아요?"

소라가 걱정하며 묻자 아빠는 억지웃음을 지어 보였어요.

"하하하, 괜찮아. 카메라가 떨어지는 것을 잡느라고 잠깐 몸이 기우뚱한 거야."

말은 그렇게 했지만, 고삐를 잡고 있는 아빠의 손은 부들부들 떨리고 있었어요.

잠시 뒤, 소라와 아빠는 낙타를 선택한 걸 엄청 후회했어요. 낙타가 걷는 리듬에 따라 엉덩이가 안장에 부딪쳤거든요. 안장은 버스 의자보다도 딱딱했어요.

"이크, 아앗! 아빠, 이러다 엉덩이에 멍들지 않을까요?"

"앗! 윽!"

아빠는 끙끙 앓느라 대답도 못했어요.

그렇게 얼마나 시간이 지났을까요. 엉덩이의 감각이 완전히 사라졌을 때쯤, 낙타 주인이 낙타를 세우고 거대한 황토색 건물을 가리키며 말했어요.

"지구라트!"

인류의 역사가 시작된 4대 문명

인류 최초의 메소포타미아 문명

기원전 4000년경 메소포타미아 지역을 흐르는 티그리스 강과 유프라테스 강은 비가 오면 자주 범람했어요. 강물이 빠져나가고 난 뒤에는 영양분이 풍부하고 농사짓기에 좋은 흙으로 덮인 땅이 생겨났지요. 그러자 사람들은 유목 생활을 그만두고 이 땅에서 농사를 짓기 시작했어요. 사람들이 점점 모여들자 마을이 생겨났고, 그 마을은 점점 커져서 도시가 되었지요. 이렇게 생겨난 도시를 중심으로 인류 최초의 문명인 메소포타미아 문명이 탄생했어요. 수메르인들이 일으킨 문명이기 때문에 '수메르 문명'이라고도 해요.

수메르인들은 농사를 잘 짓기 위해 관개 시설과 운하를 만들었어요. 더불어 건축, 토목, 상하수도 시설 등과 관련된 지식과 기술도 발달시켰지요. 또한 기원전 3300년경에는 인류 최초로 문자를 만들어 사용했어요. 수메르인들이 만든 문자는 뾰족뾰족한 쐐기를 닮았다고 해서 '쐐기 문자'라고 해요. 수메르인들은 끝이 뾰족한 나무 막대기로 직사각형의 점토판에 글자를 새겨 넣었어요. 수메르인들이 문자를 발명함으로써 인류는 선사(先史, 문자가 만들어지기 이전)

시대에서 역사(歷史, 문자가 만들어진 이후) 시대로 넘어오게 되었어요. 이때부터 인류의 역사가 시작되었다고 할 수 있지요.

메소포타미아 문명의 대표적인 유적으로는 함무라비 법전과 거대한 공중 정원을 꼽을 수 있어요. 기원전 1750년경에 함무라비 왕이 만든 함무라비 법전은 세계에서 가장 오래된 성문법(문자로 기록한 법)으로, 현재 프랑스 파리의 루브르 박물관에 전시되어 있어요. 공중 정원은 '세계 7대 고대 불가사의' 중 하나지만, 지금은 그 흔적을 거의 찾아볼 수 없어요.

현재 32개의 지구라트가 남아 있는데, 소라와 아빠가 찾아간 이라크 우르의 지구라트가 가장 보존 상태가 좋아요.

피라미드를 세운 이집트 문명

이집트는 비나 눈이 거의 내리지 않는 건조한 사막 지대에 위치해 있어요. 이런 지역에서 어떻게 찬란한 고대 문명을 이룩할 수 있었을까요? 그 비밀은 바로 나일 강에 있어요. 이집트 문명을 이룩한 사람들은 비옥한 나일 강 덕분에 농사를 지으며, 문명을 발전시켜 나갈 수 있었어요.

고대 이집트인들은 사람이 죽으면 죽음의 신 오시리스를 만난다고 믿었어요. 오시리스의 심사를 통과해 죽은 자들의 세상에서 영원히 살려면 일상생활에 필요한 모든 것을 가지고 있어야 한다고 생각했어요. 집, 먹을 것, 입을 것, 하인, 장신구 등이 모두 필요했지요. 그래서 이집트의 왕이었던 파라오들은 자신의 무덤인 피라미드를 만들고, 그 안에 황금 침대, 황금 가면, 보석 등을 꽉 꽉 채워 넣었어요. 새 생명을 얻기 위해 자신의 몸을 '미라'로 만들기도 했지요.

지금까지 이집트에서 발견된 피라미드는 70여 개가 넘는데, 그중 가장 규모가 큰 것은 기자 지구의 대피라미드예요. 이 피라미드는 기원전 2560년경에 만들어진 것으로 높이가 무려 147미터 가까이 된답니다. 약 230만 개의 커다란 돌로 쌓았는데, 평균적으로 돌 하나의 무게가 2.5톤이 넘어요.

이런 엄청난 건축물을 만든 이집트인들은 얼마나 발달한 문명을 이루었을까요? 고대 이집트인들은 측량술, 기하학, 수학 등을 발전시켰고, 태양력이라고 하는 달력도 만들었어요. 또 파피루스라는 식물을 이용해서 일종의 종이를 만들고, 그 종이에 상형 문자를 기록했답니다.

인도인들이 세운 신비한 인더스 문명

인더스 문명은 인더스 강 유역에서 기원전 3000년 무렵부터 약 1,000년 동안 번성한 고대 문명이에요. 현재 이 지역은 매우 황량하지만, 기원전 3000년경에는 나무도 많고, 물도 풍부했다고 해요.

불과 100년 전까지만 해도 우리는 인더스 문명이 존재했다는 사실조차 몰랐어요. 유적들이 모두 땅속에 파묻혀 있었거든요. 인더스 문명은 1920년대에 우연히 세상에 모습을 드러냈어요. '죽은 자의 흙무덤'이라는 뜻을 가진 모헨조다로가 발견된 것이지요. 고대 도시 모헨조다로는 계획적으로 만든 거대한 도시였어요. 중요한 시설이 몰려 있는 언덕에는 회의장, 사원, 곡물 창고, 목욕탕 등이 있었어요.

1930년대에 본격적으로 발굴을 시작한 영국의 고고학자 존 마셜은 자신의 눈을 믿을 수가 없다며 이렇게 말했어요.

"보세요! 주거 지역이 완벽한 바둑판 형태로 건설되어 있어요. 각 구획마다 공동 우물과 상하수도 시설이 완벽하게 갖추어져 있지요. 게다가 이들은 건축 기술, 도시 건설, 수학, 도자기 등의 뛰어난 유산도 남겼어요."

인더스 문명을 이룩했던 사람들은 뛰어난 수공업 기술을 가지고 있었고, 금, 은, 동의 금속들을 녹여 다양한 물건을 만들었어요. 또한 도장과 도자기에 자신들의 문자를 새겨 넣었어요.

동아시아에서 가장 오래된 황하 문명

중국인들은 아무리 기다려도 실현될 수 없는 일을 마냥 기다리는 사람을 가리켜 이렇게 말해요.

"쯧쯧, 차라리 황하 강이 맑아지기를 기다리는 게 낫겠다."

왜 이런 말이 생겨났을까요? 황하 강은 몇천 년 전부터 지금까지 단 한 번도 맑았던 적이 없어요. 그래서 불가능한 일을 가리켜 '황하 강이 맑아지기를 기다린다.'라는 표현을 하는 것이죠.

그런데 재미있게도 황하 문명은 황하 강의 이 누런 물 덕분에 생겨난 문명이랍니다. 황하 강의 상류에는 거대한 황토 고원이 있는데, 강물이 그 고원을 지나 하류를 향해 흘러 내려와요. 이때 황토 고원에 쌓여 있던 황토도 강물에 실려 하류로 떠내려오지요. 오랜 세월 이런 일이 반복되어서 황하 강 하류에

기름진 땅이 만들어졌어요.

   기원전 2500년 전, 중국인들은 황하 강 하류에 터를 잡고 농사를 짓기 시작했어요. 이곳에서 농사를 짓던 사람들은 은나라를 세우고 문명을 일으켰는데, 이 문명이 바로 동아시아에서 처음으로 생겨난 황하 문명이에요.

   은나라는 봉건 제도가 발달한 나라였어요. 봉건 제도는 임금이 제후에게 땅을 나누어 주어 각각 다스리게 한 정치 제도예요. 땅을 받은 제후는 왕실을 받

들며 신하의 도리를 하지요.

  은나라의 왕은 정치와 종교를 함께 맡아서 다스렸어요. 은나라 사람들은 조상에 대한 제사를 중요하게 생각했고 나라에 중요한 일이 있을 때면 항상 점을 쳐서 결정했어요. 점을 친 결과는 거북의 배딱지(甲, 갑)나 동물, 특히 소의 뼈(骨, 골)에 새겨 넣었는데, 이때 만들어진 글자를 '갑골 문자'라고 하지요. 갑골 문자가 오랜 세월 동안 모습이 조금씩 바뀌며 지금의 한자가 되었답니다.

역사 플러스

에게 문명

독일의 고고학자 하인리히 슐리만은 어릴 적 《어린이를 위한 세계사》라는 책에서 트로이가 무너지는 그림을 봤답니다. 당시 사람들은 트로이에 대한 이야기는 꾸며 낸 것이라고 생각했어요. 하지만 슐리만은 트로이 유적이 어딘가에 있을 것이라고 믿고 찾아다니기 시작했어요. 1870~1873년, 슐리만은 터키에서의 대규모 발굴 작업을 통해 트로이 문명이 이룩한 유적을 발굴하는 데 성공했어요. 이 유적이 발굴되면서 트로이가 실제로 존재했던 고대 도시이고, 기원전 1250년경에 트로이와 그리스의 전쟁이 있었다는 것도 밝혀졌지요.

그 뒤 많은 학자들의 노력으로 기원전 3000년경부터 기원전 1000년경까지 에게 해와 지중해를 중심으로 수준 높은 문명을 가진 도시들이 번성했다는 사실이 밝혀졌어요.

에게 문명은 세계 최초의 해양 문명이자 유럽 최초의 문명으로 볼 수 있어요. 에게 문명을 이룩한 사람들은 메소포타미아, 이집트 등과 무역을 하며 앞선 문명을 받아들였어요. 그리고 유럽과 아시아를 잇는 역할을 하며 문명을 더욱 발전시켜 나갔답니다.

에게 해가 그려진 옛 지도

2장
콜로세움에서 만난 로마 병사

　이탈리아 로마는 소라가 가장 와 보고 싶어 한 도시였어요. 책에서 본 콜로세움을 두 눈으로 직접 보고 싶었으니까요. 그래서 로마에 도착하자마자 제일 먼저 찾아간 곳도 콜로세움이었어요. 아빠는 콜로세움 사진을 이쪽저쪽에서 열심히 찍었어요.

　소라가 혼자 콜로세움을 구경하고 있자 로마 병사 복장을 한 아저씨가 다가와 영어로 말을 걸었어요.

　"헤이, 동양인 꼬마! 어디서 왔니?"

　소라는 영어 학원도 착실하게 다닌 데다 집에서 아빠에게 영어를 조금 배워서 짧은 회화 정도는 할 수 있었어요. 또 뭐니 뭐니 해도 영어는 '자신감'이죠.

"한국에서 왔어요."

소라는 자신 있게 대답했어요.

"오, 한국! 난 케이팝 팬이야. 한번 들어 볼래?"

로마 병사 아저씨는 어색한 발음이었지만, 한국 가요를 멋지게 불렀어요.

소라는 박수를 쳐 주었어요. 로마에서 한국 가요를 듣자 반갑기도 하고, 자신을 다정하게 맞아 준 로마 병사 아저씨가 고맙기도 했거든요.

그사이 아빠는 사진을 다 찍었나 봐요. 소라가 가까이 다가가자 그제야 알은체를 했거든요.

"소라야, 콜로세움을 실제로 보니 어때? 고대 로마 시대 건축물인 콜로세움은 로마의 원형 경기장 중에서도 그 규모가 가장 커. 72년에 착공했는데, 4만 명의 노예가 투입되어 8년 만에 완공되었단다. 저기 각 층마다 아치문이 있는 게 보이지? 아치문은 총 88개가 있는데, 저 문으로 5만 명의 관중이 한꺼번에 드나들 수 있었대."

"그런데 왜 이렇게 훼손됐어요? 금방이라도 무너질 것 같아요."

"아, 콜로세움을 경기장으로 사용하지 않게 되면서 건축에 필요한 자재를 가져다가 새로운 성당이나 궁전을 지었기 때문이야."

"네? 문화유산인데요? 어휴, 개념이 없네요."

"응, 그때는 문화유산의 가치에 대해 잘 모르던 시절이었거든."

콜로세움을 다 살펴보고 나서 아빠는 얼른 '포로 로마노'로 이동하자고 했어요. 콜로세움에서 시간을 너무 지체했대요.

소라가 가려고 하는데, 아까 노래를 부른 로마 병사 복장을 한 아저씨가 소라를 불렀어요.

"꼬마야, 나랑 기념사진 한 장 찍지 않을래?"

아저씨는 투구를 쓰고 창을 높이 치켜들며 벌써 멋진 포즈를 잡았어요. 소라는 아저씨와 기분 좋게 기념사진을 찍었어요.

잠시 뒤, 소라와 아빠는 포로 로마노에 도착했어요.

"아빠, 포로 로마노는 어떤 곳이에요?"

"그게…… 잠깐만, 아빠가 화장실 다녀와서 설명해 줄게."

아빠는 화장실에서 급하게 가이드북을 읽었어요. 사실 포로 로마노에 대해서는 잘 몰랐거든요. 밖으로 나온 아빠는 소라에게 자신 있는 표정으로 포로 로마노에 대해 설명했어요.

"포로 로마노는 '로마인의 광장'이라는 뜻이야. 로마에서 가장 오래된 도시 광장으로, 고대 로마 제국의 정치와 경제의 중심이 된 장소지. 이곳에는 신전, 상점, 회의실 등 고대 로마 시대의 중요 건축물이 모여 있었어. 지금은 비록 폐허가 됐지만…… 흠흠, 지금은 비록 폐허가 됐지만…….”

아빠가 자꾸 똑같은 말을 되풀이하자 소라가 물었어요.

"아빠, 왜 갑자기 말을 더듬어요?”

"응, 그게 말이지…….”

그때 아빠의 눈에 한국어로 된 안내 팸플릿이 눈에 띄었어요. 아빠는 재빨리 그 팸플릿을 소라에게 가져다줬어요.

"오, 여기 로마 제국의 역사에 대해 자세히 다 나와 있네. 아빠가 굳이 시시콜콜 설명하지 않아도 되겠는걸.”

"어, 정말 그러네요.”

소라가 더 이상 질문을 하지 않고 팸플릿을 읽어 보는 동안, 아빠는 몰래 진땀을 닦았답니다.

세계를 지배한 로마 제국

모든 길은 로마로 통한다

아마 "모든 길은 로마로 통한다."라는 말을 한 번쯤 들어 봤을 거예요. 세상에는 수많은 도시가 있어요. 그런데 왜 하필 '로마'일까요? 그건 로마가 세계 어느 도시와도 비교할 수 없는 역사를 가지고 있기 때문이에요.

기원전 7세기경, 지금의 이탈리아 땅에는 수많은 도시 국가가 세워져 있었어요. 테베레 강변의 작은 도시 국가였던 로마는 이웃 도시 국가를 누르고 이탈리아 반도 전체를 정복했어요. 로마는 끊임없이 세력을 키워 나가 서쪽으로는 지금의 프랑스, 영국, 에스파냐를 정복했고, 동쪽으로는 그리스 반도와 아시아 일부 지역까지 차지했어요. 지중해 건너에 있는 이집트와 아프리카 북부 지역도 손에 넣었지요. 로마는 당시 지중해를 주름잡고 있던 카르타고와의 전쟁(포에니 전쟁)에서 승리한 뒤, 유럽과 서아시아, 북아프리카에 걸친 대제국을 건설했어요.

대제국을 세운 로마인들이 가장 먼저 한 일은 넓은 도로를 놓는 일이었어요. 식민지에서 여러 가지 물자를 수송해 와야 했고, 군사들을 빠르게 이동시

켜야 했으니까요.

　최초로 건설된 도로는 '아피아 가도'예요. 로마식 도로는 먼저 땅을 판 다음 자갈을 채워 넣고 그 위에 넓은 판자 같은 돌로 덮어서 만들었어요. 길옆에는 배수로도 만들었지요. 이렇게 만든 도로는 지금의 고속도로와 같은 역할을 했어요. 로마식 도로는 이탈리아 반도 전체를 동서남북으로 관통하고 있었고, 그리스, 에스파냐까지 뻗어 있었는데 그 길이가 무려 12만 킬로미터나 되었다고 해요. '모든 길은 로마로 통한다.'라는 말은 이때부터 생겨난 것이죠.

로마는 하루아침에 이루어지지 않는다

　로마가 수많은 전쟁에서 승리한 비결은 무엇이었을까요? 그 비결은 바로 '흉내 내기'였어요. 로마가 지중해를 차지하는 데 결정적인 계기가 되었던 포에니 전쟁을 예로 들어 볼게요. 로마가 맞서 싸워야 했던 적들은 로마보다 앞선 도시 국가였어요. 특히 당시 지중해를 차지하고 있었던 카르타고는 막강한 해군을 가진 선진국이었어요. 로마는 카르타고의 모든 것을 배웠어요. 심지어 부서진 카르타고의 배 파편들을 이어 붙이면서 배 만드는 기술을 배웠답니다. 그러면서 차근차근 힘을 길러 나갔어요. 포에니 전쟁(기원전 264~146년 동안 로마와 카르타고 사이에 벌어진 세 차례의 전쟁)이 시작되자 로마는 그동안 배운 것을 모두 동원해 전쟁에서 승리하고, 지중해의 패권을 차지했지요.

　또한 로마는 정복한 민족에 따라 각각 다른 정책을 썼어요. 자신들의 말을 잘 따르는 곳과는 동맹을 맺고 자치권을 줬어요. 하지만 그렇지 않은 민족에게는 채찍을 휘둘렀지요. 또 로마의 군대에는 엄격한 상벌 제도가 있었어요. 공을 세우면 반드시 상을 주고, 잘못을 저지르면 벌을 줬지요. 이 때문에 로마의 병사들은 전쟁에서 물러서는 법이 없었어요.

　로마는 이렇게 해서 수많은 정복 전쟁에서 승리를 거두며 대제국을 건설했어요. 하지만 로마가 본격적으로 번성하기까지는 약 500년이라는 시간이 필요했어요. 500년 동안 로마는 차근차근 영토를 넓히고, 자신들만의 문화를 이룩했지요. 그래서 "로마는 하루아침에 이루어지지 않는다."라는 말이 생겨났답니다.

로마 제국의 평화 시대

기원전 27년까지 로마의 정치 형태는 '공화정'이었어요. 공화정이란 시민들이 뽑은 대표들이 나라를 다스리는 정치 형태예요.

하지만 포에니 전쟁 이후 로마의 공화정에 위기가 찾아왔어요. 전쟁에서 공을 세운 장군이나 부자들은 각자 자신의 군대를 키워 세력을 다투었어요. 그

로 인해 내전이 일어나 로마는 큰 혼란에 빠졌지요. 이때 등장한 사람이 바로 카이사르와 옥타비아누스예요. 카이사르는 무리하게 힘을 앞세워 공화정을 없애려고 했어요. 그러다 공화정의 원로원들에게 죽임을 당했지요.

카이사르의 양자였던 옥타비아누스는 많은 전쟁에서 승리를 거두며 권력을 잡았어요. 옥타비아누스도 공화정을 포기하고 강력한 왕권으로 로마 제국을 다스려야 한다고 생각했어요.

하지만 옥타비아누스는 신중하고 겸손하게 행동했어요. 그러자 기원전 27년 힘이 약해진 원로원에서는 옥타비아누스에게 '아우구스투스(존엄한 자)'라는 칭호를 올리고, 옥타비아누스의 권위를 인정했어요. 이때도 옥타비아누스는 "나를 지나치게 존경하지 마십시오."라고 하며 겸손함을 보였어요. 하지만 원로원의 힘이 더 약해지자 옥타비아누스는 재빨리 권력을 장악한 다음 스스로 로마 최초로 황제의 자리에 올랐답니다.

이로써 공화정은 끝이 나고, 로마는 황제가 다스리는 나라가 되었어요. 이를 로마의 '제정 시대'라고 해요. 이때부터 로마에는 현명한 황제 다섯 명이 연달아 등장했어요. 황제들은 백성들이 평화롭게 살 수 있도록 훌륭한 정치를 했지요. 이로 인해 로마의 문화는 200년 동안 눈부시게 발전했고, 영토는 점점 넓어졌어요. 이 시대를 '로마의 평화 시대'라고 해요.

로마의 멸망

평화 시대가 끝나고 권좌에 앉은 황제들은 나라를 제대로 돌보지도 않고 방탕한 생활을 일삼았어요. 그러자 방탕한 황제를 죽이고 스스로 새로운 황제가 된 군인들이 생겨나기 시작했어요. 힘 있는 군인이 황제를 죽이고 새 황제가 되면, 2년도 못 가서 또 다른 군인이 황제를 죽였지요. 235년부터 285년까지 50년 동안 황제는 25번이나 바뀌었어요. 이 시기를 거치면서 로마 제국은 서서히 몰락하기 시작했어요.

3세기 말에도 혼란은 계속되었어요. 게다가 페르시아와 게르만 족의 침입도 계속되었지요. 이렇게 갈수록 병들어 가는 로마를 되살려 보려고 콘스탄티누스 황제는 로마의 수도를 비잔티움으로 옮기고, 수도의 이름을 콘스탄티노플(지금의 이스탄불)로 바꾸었어요. 그리고 313년 모든 사람에게 신앙의 자유를 인정해 주고, 그동안 탄압해 오던 크리스트교를 국교로 인정했어요.

이로 인해 395년 로마 제국은 동로마와 서로마로 나누어졌어요. 콘스탄티누스가 세운 동로마 제국은 콘스탄티노플을 중심으로 점점 더 발전해 나갔어요. 하지만 서로마 제국은 476년 게르만 족의 침략으로 멸망하고 말았어요. 동로마 제국(비잔티움 제국)은 서로마 제국이 멸망한 후에도 1,000년 가까이 더 이어지다 1453년에 멸망했어요.

로마의 법과 문화

로마인들은 사회 질서를 유지하기 위해 법을 만들었어요. 로마법은 로마 건국 초기부터 로마 시민들에게 적용되었던 시민법과, 로마가 지배했던 이민족에게 적용되었던 만민법이 있어요. 이 둘을 합쳐 로마법이라고 하지요.

로마는 로마법에 따라 이민족들을 다스렸고, 정복한 민족을 부당하게 억압하지도 않았어요. 하지만 대제국을 건설한 뒤로는 더 이상 너그러운 정복자가 아니었어요. 로마인들은 정복지의 넓은 땅을 무력으로 차지하고, 그곳 사람들을 노예로 부렸어요. 세금도 가혹할 정도로 많이 거두었지요.

그렇게 해서 엄청난 부를 쌓은 로마인들은 오락거리를 위해 콜로세움을 세우고, 검투사들이 맹수와 목숨을 걸고 싸우도록 했어요. 맹수와 싸우는 사람은 전쟁 포로 혹은 로마 황제의 명으로 죽음을 선고 받은 사람들이었지요. 검투사들은 맹수들이 죽을 때까지 싸워야 했어요. 검투사가 만약 부상을 당하거나 항복을 하면, 그 사람의 목숨은 관중이 결정했어요. 검투사가 잘 싸웠다고 생각하면 관중은 엄지손가락을 치켜세워 그를 살려 주었어요. 하지만 관중이 엄지손가락을 내리면 곧 죽임을 당했답니다.

장 레옹 제롬의 〈내려진 검지〉

3장
라마단에서 살아남기

    소라와 아빠는 종교와 관련된 사진을 찍기 위해 인도네시아를 찾았어요. 인도네시아는 국민의 87퍼센트가 이슬람교도이고 지역에 따라 개신교, 불교, 힌두교 등 다양한 종교를 가지고 있어요.

    소라와 아빠는 여행 경비를 아끼기 위해 저렴한 게스트하우스에 짐을 풀었어요.

"아빠, 배고파요. 얼른 점심 먹어요."

"그래, 옥상에 식당이 있다니까 거기서 사 먹자."

그런데 옥상으로 올라가니 식당 문이 닫혀 있지 뭐예요.

"점심 시간인데 왜 식당 문이 닫혀 있지?"

소라가 문을 두드리자 아자르가 문을 열고 나왔어요. 아자르는 숙소 주인의 아들이에요.

"미안해요! 우리 집은 한 달 동안 식당 운영을 하지 않아요."

아자르가 서툰 영어로 말했어요.

"무슨 일이 있니?"

아빠가 물었어요.

"라마단 기간이 시작되었거든요."

라마단은 이슬람교도인 무슬림들이 꼭 지켜야 하는 금식 기간이에요. 라마단은 대개 한 달 정도 지속되는데, 이 기간 동안 무슬림들은 해가 뜨는 순간부터 해가 질 때까지 금식을 해요.

"서, 설마 다른 식당들도 전부 문을 닫지는 않았겠지?"

"글쎄요…… 라마단 기간에는 대부분의 식당이 문을 닫아요."

"정말이야?"

소라가 낙담한 표정을 짓자 아빠가 침착하게 말했어요.

"소라야, 너무 걱정하지 마. 라마단은 이슬람교 사람들의 종교 행사니까, 다른 종교를 가진 사람들이 여는 식당을 찾으면 될 거야. 그렇지, 아자르?"

하지만 아자르는 고개를 저었어요.

"우리 마을은 이슬람교를 믿는 사람들이 모여 사는 곳이에요. 다른 종교를 가진 사람들은 거의 없어요."

"그럼 힌두교나 불교나 크리스트교를 종교로 가진 사람들이 사는 마을까지 가려면 얼마나 걸리니?"

"버스를 타고 두 시간 정도 나가야 할걸요."

소라와 아빠가 너무 실망하자 아자르가 말했어요.

"라마단 기간이라고 해서 모든 사람이 다 금식을 하는 건 아니에요. 노약자나 환자, 임산부, 무슬림이 아닌 외국인들은 금식을 하지 않아도 돼요. 일단 밖으로 나가셔서 음식을 구할 수 있는지 알아보세요."

소라와 아빠는 굶주린 배를 움켜쥐고 길거리로 나와 다른 식당을 찾아봤어요. 하지만 문을 연 식당은 단 한 군데도 없었어요. 심지어 길거리에는 사람도 거의 없었어요.

무슬림들은 라마단 기간이 되면 금식을 하는 건 물론이고, 음악도 듣지 않고 오락도 하지 않아요. 소라와 아빠는 주린 배를 부여잡고 해가 질 때까지 기다릴 수밖에 없었어요.

드디어 해가 지고 저녁이 되자 아자르가 식료품 가게가 있는 위치를 알려 줬어요.

"골목 끝에 식료품 가게가 있어요. 거기서 식료품을 사다가 직접 요리를 해 드세요."

소라와 아빠는 거의 뛰다시피 식료품 가게로 향했어요.

"소라야, 내일도 해가 떠 있는 동안에는 식당이 문을 닫을 테니까, 돈 아끼지 말고 식료품을 많이 사다 놓자."

아빠가 아낌없이 돈을 쓰자고 한 건 이번이 처음이었어요. 소라와 아빠가 식료품을 잔뜩 사 가지고 오자 아자르가 부엌으로 안내해 줬어요.

"여기서 요리를 하면 돼요."

"아자르, 넌 라마단 기간이 정말 싫겠다. 한창 먹을 나이인데, 하루 종일 굶어야 하니까."

아빠의 말에 아자르는 고개를 저었어요.

"배가 고픈 건 사실이지만, 라마단을 싫어하지는 않아요. 대부분의 무슬림들은 라마단이 오기를 기다리지요."

"왜?"

"알라신의 은총이 온 세상을 덮고 사악한 기운이 사라지는 달이기 때문이지요. 또 라마단 기간이 끝나면 좋은 일이 많이 생겨요. 어려운 이웃과 함께 음식을 나눠 먹고, 며칠 동안 축제가 계속 이어지거든요."

무슬림들과 함께 라마단을 보내면서 소라는 종교에 대한 궁금증이 생겼어요.

불교, 크리스트교, 이슬람교가 세계 3대 종교라고 해요. 어떤 종교를 가졌느냐에 따라 생활 습관, 사람을 대하는 태도, 먹는 음식 등이 다르다는 것도 새로이 알게 되었지요.

세계 역사를 움직이는 종교

석가모니가 창시한 불교

기원전 6세기경 인도의 카필라 왕국에서 한 왕자가 태어났어요. 왕자의 이름은 싯다르타였어요. 바깥세상이 궁금했던 싯다르타는 우연히 궁궐 밖으로 나가 세상 구경을 했어요. 이때 싯다르타는 늙고 병들어 고생하다 죽는 사람들을 보고 큰 충격을 받았어요.

"왜 사람들은 세상에 태어나서 고통을 겪다가 죽는 걸까? 고통에서 벗어날 방법은 없을까?"

싯다르타는 이에 대한 답을 얻기 위해 스물아홉 살 때 무작정 길을 떠났어요. 6년 동안 고행을 했지만 답을 찾지 못했지요. 그러던 어느 날, 싯다르타는 보리수 아래에서 49일 만에 깨달음을 얻었어요. 싯다르타는 그 뒤 자신을 '깨달은 사람'이라는 뜻에서 '붓다'라고 했고, 사람들은 붓다를 가리켜 '석가모니'라고 불렀어요.

석가모니는 인도 곳곳을 돌아다니며 설교를 했어요.

"우리가 고통을 받는 건 욕심 때문입니다. 욕심을 버리면 깨달음을 얻을 수 있습니다. 다른 사람에게 자비를 베푸십시오."

당시 인도는 힌두교를 믿고 있었는데, 힌두교에는 카스트 제도가 있었어요. 카스트 제도는 인도의 신분 제도로 크게 4계급으로 나뉘어져요. 가장 높은 계급은 브라만(승려, 학자)이고, 그 아래에는 크샤트리아(귀족, 무사), 바이샤(평민, 상인), 수드라(노동자, 노예)가 있지요. 또 그 안에서 수많은 하위 카스트로 나누어져요. 당시 낮은 계층에 속해 있던 사람들에게 석가모니의 말은 큰 힘이 되었어요. 석가모니가 세상을 떠난 뒤, 그의 가르침을 따르는 불교는 점점 널리 퍼져 나갔어요.

기원전 321년경, 찬드라굽타 왕은 북인도에 마우리아 제국을 세웠어요. 마우리아 제국을 더욱 큰 나라로 만든 사람은 3대 왕 아소카예요. 아소카 왕은 왕위를 차지하기 위해 무려 99명의 왕자를 베고 스스로 왕이 되었어요. 또한 전쟁터에서 수많은 사람들을 베고 승리를 거머쥠으로써, 역사상 처음으로 인도 대부분을 통일한 나라를 탄생시켰지요.

왕위에 오른 아소카 왕은 많은 사람들을 죽인 걸 크게 뉘우치고, 불교를 믿으며 죄를 빌었어요. 다른 사람들에게도 불교를 적극 장려하며 널리 전파했지요. 아소카 왕은 불교를 중앙아시아, 페르시아 등의 지역에까지 전파하기 위해 포교사를 보냈어요. 아소카 왕의 이런 노력에 힘입어 불교는 세계로 뻗어 나갈 수 있었어요.

이때 널리 알려진 것은 인도 소승 불교 중 하나인 상좌부 불교예요. 상좌부 불교는 부처의 가르침 그대로의 도덕적 규범을 중시하고, 개인이 스스로 깨달음에 이르러야 한다고 믿었어요. 상좌부 불교는 스리랑카, 타이, 베트남, 라오스 등 동남아시아 지역으로 전파되었어요.

한편 2세기경 인도 쿠샨 왕조의 왕이었던 카니슈카는 석가모니를 신적인 존재로 만들었어요. 그리고 많은 사람들이 깨달음을 얻을 수 있게 불교가 도와야 한다고 주장했지요. 이와 같은 불교를 대승 불교라고 하는데, 대승 불교는 한나라 때 중국으로 건너가 몽골, 티베트, 한국, 일본 등에 전파되었어요.

크리스트교의 탄생과 유럽의 역사

기원전 63년, 대제국을 건설한 로마인들은 유대인들을 억압했어요. 유대인들이 기댈 곳은 종교밖에 없었지요.

"조금만 더 참고 견딥시다. 여호와께서 우리를 구원하기 위해 구세주를 보내실 겁니다. 우리의 구세주가 로마 군대를 몰아내고, 우리 민족의 나라 이스라엘을 세울 겁니다."

이 무렵 나타난 사람이 바로 예수예요.

"하느님을 믿고 이웃을 사랑하라. 그러면 누구나 구원받을 수 있을 것이다."

예수의 설교는 당시 로마의 지배를 받고 있던 유대인들에게 큰 힘이 되었어요. 수많은 사람들이 예수를 존경하며 따랐지요. 하지만 선민의식을 가지고 있던 유대교의 지도자들은 예수를 못마땅하게 생각했어요.

"우리 유대인만이 구원을 받을 수 있는 민족이야. 모든 사람을 구원하려고 하는 예수는 위험한 인물이야."

유대교 지도자들은 예수를 모함해서 로마 총독 본디오 빌라도에게 넘겼고, 예수는 십자가에 못 박혀 죽었어요. 하지만 예수가 죽은 뒤, 많은 사람들이 예수의 가르침을 따르면서 크리스트교가 탄생했어요. 크리스트교는 이 세상 모든 만물을 창조한 유일신을 하느님이라고 생각하고, 하느님의 아들 예수 그리스도를 구세주로 믿는 종교예요.

크리스트교는 예수의 제자들에 의해 널리 퍼져 나갔어요. 2세기에 접어들자 로마 곳곳에 교회가 세워졌어요. 그러자 로마는 크리스트교를 탄압했어요. 크리스트교는 로마 전통 신을 인정하지 않았고 신은 오직 하나님 한 분뿐이라고 주장했거든요. 로마 제국은 크리스트교인들을 굶주린 사자의 밥이 되게 하거나, 산 채로 화형시켰어요. 이런 끔찍한 박해에서 살아남은 크리스트교인들은 사람들의 눈을 피해 몰래 지하에 굴을 파고 숨어 지냈어요.

그러던 어느 날, 로마의 황제 콘스탄티누스가 아주 특별한 꿈을 꾸었어요. 하얀 날개를 가진 천사가 떨고 있는 그에게 십자가를 내밀며 말했어요.

"이 십자가로 인해 승리할 것이다."

꿈에서 깬 콘스탄티누스는 그것이 신의 계시라고 생각했어요. 다음 날, 황제는 병사들의 방패에 십자가를 그려 넣게 한 뒤 전투에 임했어요. 결국 콘스탄티누스는 그 전투에서 승리하고 서로마의 황제가 되었지요. 하느님의 도움으로 전투에서 이겼다고 생각한 콘스탄티누스는 크리스트교인들의 박해를 금지하고, 313년에 밀라노 칙령을 발표해서 크리스트교를 서로마의 국교로 삼았어요.

이후, 크리스트교는 로마의 보호 아래 페르시아, 아시아, 아메리카 등 전 세계로 전파되었어요. 현재는 로마 가톨릭 교회와 동방 정교회, 프로테스탄트(개신교)의 여러 교파로 분열되어 있는 상태예요. 크리스트교는 서양의 모든 학문과 문화, 예술 등에 큰 영향을 미쳤어요.

이슬람교

중동(아라비아 반도)은 동양과 서양 사이에 위치하고 있어요. 그래서 아주 오래전부터 무역이 발달하여 큰 번영을 누렸지요. 하지만 사회가 발달하면서 빈부 격차가 심해지고, 귀족과 평민 사이에 불평등이 점점 커졌어요. 게다가 부족마다 섬기는 신이 다르고 생각도 달라서, 같은 민족 간에도 전쟁이 자주 일어났어요.

이슬람교를 창시한 무함마드는 570년 지금의 사우디아라비아의 메카에서 태어났어요. 무함마드는 610년 마흔 살이 되던 해 메카 근처에 있는 히라 산으로 들어가 명상에 잠겼어요. 명상을 하던 중 천사 가브리엘로부터 유일신 알라의 계시를 받고, 이슬람교를 창시했지요.

그 후, 무함마드는 "알라 이외에는 신이 없다."라고 하며 모든 사람이 평등하다고 가르쳤어요. 무함마드의 가르침은 가난하고 힘없는 사람들에게 큰 환영을 받았어요. 하지만 다신교를 믿던 귀족들은 무함마드의 가르침이 퍼져 나가는 것을 좋아하지 않았어요.

결국 622년 무함마드는 귀족들의 박해를 피해 메디나로 떠났어요. 그는 그곳에서 이슬람교의 교리를 정리하고, 이슬람 공동체를 만들어 세력을 길렀지요. 632년, 무함마드는 그를 따르는 무리를 이끌고 메카를 점령한 뒤, 영토를 넓혀 아라비아 반도 전체를 통일했어요. 그 후, 이슬람교를 믿는 세력은 아라비아 반도를 넘어 이집트와 시리아 등으로 영토를 점점 넓혀 나갔어요.

현재 터키, 이란, 이라크, 사우디아라비아 등 서남아시아의 많은 나라들이 이슬람 국가예요. 이집트, 알제리, 리비아 등 북부아프리카에 있는 나라들과 우즈베키스탄, 카자흐스탄 등 중앙아시아의 나라들도 이슬람교를 국교로 정한 국가지요. 파키스탄, 방글라데시, 인도네시아, 말레이시아 등도 이슬람을 믿는 나라예요.

전 세계의 무슬림들은 매일 다섯 번씩 무함마드가 태어난 사우디아라비아의 메카를 향해 기도를 해요. 또 일생에 한 번 이상은 메카 순례를 떠나는 것이 의무지요. 그래서 해마다 순례의 달인 12월이 되면 약 100만 명의 무슬림들이 사우디아라비아의 메카로 몰려들어요.

이슬람을 믿는 무슬림들은 '코란'에 적혀 있는 이슬람법에 따라 엄격히 생활하고 있어요. '코란'은 알라신의 말씀을 적어 놓은 책이에요.

종교에 따라 다른 음식 문화

유대교

유대교와 크리스트교는 그 뿌리가 같아요. 두 종교 모두 하느님과 구약 성경을 믿으며, 자신들이 하느님의 선택을 받은 백성이라고 생각해요. 하지만 유대교인들은 신약과 예수님을 믿지 않아요. 이 점이 크리스트교와 유대교의 차이랍니다.

유대인들은 돼지고기를 먹지 않아요. 생선은 지느러미와 비늘이 모두 있는 것만 먹을 수 있어요. 조개처럼 비늘이 없으면 먹지 않아요. 또 우유로 만들어진 음식과 고기가 원료인 음식을 같이 먹지 않아요.

〈유대인의 절기〉

〈힌두교의 다섯 신들〉

힌두교

고대 인도에서 시작된 종교로, 수많은 신들의 존재를 믿어요. 심지어 힌두교에서는 부처도 힌두교의 신이라고 생각한답니다.

힌두교인들은 절대 소고기를 먹지 않아요. 인도에서 소는 아주 중요한 가축이에요. 힌두교에서 가장 중요한 신인 시바신이 타고 다니는 신성한 동물이고, 농경이 확대되면서 쟁기를 끌 소의 중요성이 커지기도 했거든요. 그런 신성한 가축을 사람이 먹을 수 없다 하여 소고기를 먹지 않는 교리가 생겨났답니다.

이슬람교

이슬람교에는 '할랄'이라는 음식 규정이 있어요. 이슬람교를 믿는 사람들은 오직 할랄 음식만 먹을 수 있지요. 할랄은 '허용된'이라는 뜻으로, 이슬람 율법이 인정하는 방식으로 만든 음식을 말해요. 모든 음식에 돼지고기나 알코올 성분이 들어 있지 않아야 해요. 또한 같은 고기라도 '비스 밀라(신의 이름으로)'라고 외친 뒤 도축한 고기만 할랄 음식에 해당해요. 이슬람교에서 허용되지 않는 음식은 '하람'이라고 해요. 돼지와 관련된 모든 음식, 동물의 피로 만든 음식 등이 하람 음식에 해당해요.

할랄 고기를 파는 가게
©Bernd Schwabe

4장
우리 아빠는 중세 기사

 소라와 아빠는 에스파냐 중부의 톨레도를 찾았어요. 톨레도는 중세 시대 도시의 모습을 아주 잘 간직하고 있는 곳인데, 유네스코 세계 문화유산으로도 지정되어 있어요. 소라는 성벽으로 둘러싸인 톨레도의 모습을 보고 깜짝 놀랐어요.
 "우아, 정말 중세 시대의 성이네요. 이 성이 수백 년이나 된 거라니! 아빠는 여기에서 어떤 사진을 찍을 거예요?"
 "중세 시대 유럽의 전쟁과 관련된 사진을 찍을 거야. 마침 톨레도에서 중세 축제가 열린다니 더 멋진 사진을 찍을 수 있겠지?"

"중세 축제요? 그래서 저렇게 사람들이 중세 복장을 입고 다니는군요. 마치 진짜 중세 시대로 타임머신을 타고 온 거 같아요."

소라는 영화 속 주인공이나 된 것처럼 기분이 한껏 들떴어요.

"자, 얼른 성안으로 들어가서 숙소부터 잡자."

아빠는 소라를 재촉해 언덕 높은 곳에 위치해 있는 성으로 올라갔어요. 성문 앞에 도착하자 중세 시대의 집사 복장을 한 아저씨가 두 사람의 앞을 가로막았어요.

"아빠, 에스파냐어 할 줄 알아?"

"아니. 영어밖에 할 줄 모르지."

아빠와 소라는 조마조마한 마음으로 집사 아저씨에게 다가갔어요. 다행히 집사 아저씨가 영어로 두 사람에게 말을 걸었어요.

"어떻게 오셨습니까?"

"저…… 성안에 임시 숙소가 있다고 해서요."

"따라오십시오."

집사 아저씨는 소라와 아빠를 성안으로 안내했어요.

"이쪽으로 오십시오."

집사 아저씨가 지하로 향하는 계단을 내려가며 말했어요.

"임시 숙소가 지하에 있나요?"

아빠가 고개를 갸웃하며 물었어요.

"그렇습니다. 중세 시대 여행자들도 성 지하에 있는 숙소에 묵었거든요. 당시를 그대로 체험하는 겁니다."

지하에 있는 임시 숙소는 어둡고 눅눅했어요. 하지만 중세 시대를 체험해 본다는 의미로 그냥 하룻밤 지내기로 했어요.

소라와 아빠는 짐을 풀자마자 중세 풍습을 재현하는 행사장으로 달려갔어요. 성벽 옆에는 창과 칼, 철 가면, 철모, 철 갑옷, 방패 등이 진열되어 있었어요. 포로를 묶어 두는 곳도 있었지요.

아빠가 중세 시대 무기에 관심을 보이자 안내원이 다가와 말했어요.

"원하시면 중세 시대 기사가 되어 축제에 직접 참여할 수 있어요. 공짜예요."

공짜라는 말에 아빠는 곧바로 참가 신청을 했어요.

잠시 뒤 중세 기사 복장을 하고 나타난 아빠를 보고 소라가 엄지손가락을 치켜세웠어요.

"우아, 진짜 중세 시대 기사 같아요. 아빠, 멋있어요."

중세 풍습 재현 행사가 시작되자 나팔수가 길게 나팔을 불었어요.

"적이 쳐들어왔다. 병사들은 모두 무기를 들고 전투 태세를 갖춰라."

말을 탄 기사가 병사들을 향해 고래고래 소리를 질렀어요. 무거운 갑옷을 입은 아빠도 뒤뚱뒤뚱거리며 십자가가 그려져 있는 방패와 긴 창을 집어 들었지요. 중세 시대 십자군 전쟁에 참가한 십자군들의 가슴과

방패에는 십자가 모양이 새겨져 있어요. 반면에 십자군과 맞서 싸웠던 이슬람 군인들의 상징물은 초승달 모양이었어요.

말을 탄 기사가 다급한 목소리로 병사들을 향해 외쳤어요.

"평화로운 우리 마을에 쳐들어온 저 흑기사를 물리쳐라."

검은 갑옷을 입은 흑기사가 병사들을 거느리고 반대 쪽에서 긴 칼을 휘둘러 보였어요. 그러고는 말을 타고 기세 좋게 달려왔어요.

맨 앞에 서 있던 기사가 상대편 흑기사를 막아섰어요.

"멈춰라, 흑기사!"

두 기사의 칼싸움이 시작되었어요. 챙! 챙! 챙! 두 사람은 중세 시대 칼싸움을 그대로 재현하기 위해 며칠 동안 피나는 연습을 했대요. 그런데 연습이 좀 부족했던지, 흑기사가 그만 칼을 놓쳐 버렸어요.

"앗, 위험해요!"

흑기사가 놓친 칼이 그만 옆에 서 있던 아빠의 발 앞에 꽂혔지 뭐예요. 진행 요원들이 아빠에게 달려갔고, 소라도 깜짝 놀라 자리에서 벌떡 일어났지요.

"괜찮으세요?"

"아빠, 괜찮아요?"

아빠는 침착하게 땅에 꽂힌 칼을 뽑아 흑기사에게 전해 줬어요.

"흑기사님, 연습을 좀 더 해야겠어요."

흑기사가 멋쩍은 표정을 지으며 칼을 받아들자 관객들이 아빠에게 박수를 쳐 주었어요.

　아빠가 다칠 뻔한 조금 위험한 순간이 있었지만, 중세 재현 행사에 참가해 본 덕분에 소라와 아빠는 중세 시대 전쟁에 대해 조금이나마 이해할 수 있었어요.

중세 유럽의 역사를 바꾼 전쟁

십자군 전쟁

11세기 무렵, 예루살렘 지역을 차지한 무슬림 왕조 셀주크 제국은 크리스트교인들의 성지 순례를 방해했어요. 게다가 동로마 제국의 영토를 계속 침략했지요. 동로마의 황제는 교황에게 도움을 요청했어요. 그리하여 1095년에, 교황 우르반 2세는 예루살렘 성지를 되찾을 목적으로 십자군을 모집했어요.

"여러분, 예루살렘의 침입자 셀주크 튀르크를 쫓아내고 예루살렘을 되찾아야 합니다!"

교황을 따르는 유럽의 여러 나라(프랑스 왕국, 잉글랜드 왕국, 비잔티움 제국 등)는 속속 십자군의 깃발 아래로 모여들었어요.

1096년, 드디어 1차 십자군 전쟁이 일어났어요. 십자군은 치열한 전투 끝에 예루살렘을 점령했지만 금세 다시 빼앗기고 말았어요. 십자군 원정은 약 200년에 걸쳐 여덟 차례나 있었지만, 모두 실패했어요.

십자군 전쟁이 유럽 역사에 끼친 영향은 막대했어요. 십자군 전쟁이 일어나기 전까지 중세 유럽에서는 교황의 권위가 절대적이었어요. 각 나라의 왕도

교황의 명령을 따라야 했지요. 하지만 십자군 전쟁에서 패배한 뒤부터는 상황이 크게 달라졌어요. 사람들은 더 이상 교회와 교황을 절대적인 존재로 보지 않았어요.

"이게 정말 하나님의 뜻이란 말인가? 진짜 신이 있다면 이런 전쟁을 일으킬 리가 없어."

십자군에 참가한 많은 봉건 귀족과 기사들은 전쟁터에서 목숨을 잃었어요. 자신들이 소유하고 있던 땅도 잘 돌보지 못했지요. 왕은 교황과 귀족들의 힘이 약해진 틈을 타 돈 많은 상인들과 손을 잡고 힘을 키워 나갔어요. 그 결과

왕권은 점점 더 강해졌고, 교황의 권위는 땅에 떨어졌지요. 이로써 서유럽 지역은 교황의 영향을 벗어나 왕권을 강화하면서 제각각 민족 국가를 수립했답니다.

백년 전쟁

백년 전쟁은 왕위 계승 문제를 놓고 시작된 전쟁이에요. 1328년, 프랑스의 왕 샤를 4세가 후계자를 세우지 않고 죽자, 그의 사촌 형제인 필리프 6세가 왕위에 올랐어요. 이 소식을 들은 영국의 왕 에드워드 3세는 펄쩍 뛰었어요.

에드워드 3세는 샤를 4세의 외손자예요.

"손자인 내가 왕이 되어야지, 사촌이 왕권을 물려받는 건 말도 안 돼."

에드워드 3세는 곧바로 프랑스를 침략했어요.

사실 에드워드 3세의 속셈은 따로 있었어요. 당시 영국은 프랑스에 많은 땅을 가지고 있었는데, 그중 플랑드르(지금의 벨기에) 지방은 질 좋은 모직물과 포도주를 생산하는 노른자 중의 노른자 땅이었거든요. 에드워드 3세는 이 땅을 필리프 6세에게 빼앗기지 않기 위해 전쟁을 일으킨 거예요.

영국과 프랑스의 전쟁은 여러 차례 휴전과 전쟁을 되풀이하며 1337년부터 1453년까지 116년 동안 계속되었어요. 하지만 후대 사람들은 기억하기 쉽도록 '백년 전쟁'이라고 부르고 있어요.

처음에는 영국이 전쟁에서 기선을 잡았어요. 영국은 기세를 몰아 프랑스 전체를 지배하려고 했어요. 하지만 1429년에 잔 다르크라는 영웅이 프랑스 국민을 결집시키면서 사정이 달라졌어요. 잔 다르크는 싸울 때마다 선두에 서서 승리를 거두었고, 사기가 높아진 프랑스군은 백년 전쟁에서 승리를 거둘 수 있었어요. 하지만 잔 다르크는 1431년 영국군에게 잡혔고 재판 끝에 화형을 당했어요. 지금은 로마 가톨릭의 성인으로 시성되었지만, 당시에는 마녀, 우상 숭배자라는 판결을 받았답니다.

백년 전쟁은 큰 변화를 일으켰어요. 국토가 통일되면서 프랑스는 강력한 중앙 집권 국가로 성장할 수 있었어요. 반면에 전쟁에서 진 영국은 다른 나라의 정치에 관여하지 않고 독자적 국가를 형성했답니다.

30년 전쟁

30년 전쟁을 이해하려면 먼저 종교 개혁에 대해 알아야 해요. 1506년, 가톨릭교회는 바티칸에 베드로 대성당을 건립하기로 했어요. 베드로 대성당을 짓기 위해서는 많은 돈이 필요했지요. 그래서 1517년, 교회는 돈을 모으기 위해 면죄부를 발행했어요.

"돈을 내고 면죄부를 사라. 헌금을 하는 순간, 영적인 은혜를 얻어 영혼이 구제 받고 당신들은 천국으로 갈 것이다."

정말 말도 안 되는 얘기지요? 돈을 내면 천국에 보내 주겠다는 의미잖아요. 교회의 이런 부패에 정면으로 반대하면서 종교 개혁의 불씨를 당긴 사람이 독일의 성직자 마르틴 루터랍니다.

"돈을 주고 면죄부를 사는 대신 일생 동안 진심으로 자신의 죄를 뉘우치고 회개해야 합니다."

종교 개혁 운동은 유럽 전역으로 빠르게 퍼져 나가 새로운 교회를 탄생시켰어요. 루터는 교황과 로마 가톨릭으로부터 독립을 선언했어요. 교황에게 반감을 가진 독일의 시민들이 그를 열렬히 지지했어요.

종교 개혁 이후 생겨난 교회를 신교라고 하고, 교황을 따르는 가톨릭교를 구교라고 해요.

신교와 구교는 끊임없이 세력 다툼을 벌였어요. 그러다 마침내 전 유럽에서 종교 전쟁이 일어났지요. 그중 신성로마제국(지금의 독일)에서 일어난 신교와 구교 사이의 종교 전쟁을 30년 전쟁(1618~1648년)이라고 해요. 신교를 믿는 세력이 구교를 믿는 세력에 대항해서 반란을 일으키자, 구교 세력이 에스파냐와 손을 잡고 신교를 믿는 네덜란드와 전쟁을 벌였어요. 이 전쟁은 나중에 덴마크, 스웨덴, 프랑스가 신교 편에 가담하면서 유럽 전역으로 번졌어요.

초반에는 구교를 따르는 세력이 우세했지만 결국 신교를 따르는 세력이 승리를 거두었지요. 전쟁이 시작된 지 30년 만인 1648년에 양측이 베스트팔렌 조약을 맺으면서 전쟁은 끝이 났어요. 베스트팔렌 조약으로 구교와 신교는 모두 종교의 자유를 얻었고, 종교 분쟁은 사라졌어요.

베스트팔렌 조약으로 인해 유럽의 지도도 바뀌었어요. 네덜란드와 스위스는 독립을 했지만, 신성로마제국은 분열되어 작은 나라로 쪼개졌어요. 30년 전쟁을 승리로 이끈 프랑스, 스웨덴, 네덜란드는 유럽의 강국으로 발돋움했지요. 하지만 전쟁에서 패한 에스파냐는 강대국의 지위를 내려놓아야 했어요.

역사 플러스

중세 봉건 사회

중세 유럽을 가리켜 봉건 사회라고 해요. 그런데 도대체 봉건 사회가 뭘까요? 중세 유럽에서 중앙 정부는 수도와 일부 요충지만 직접 통치하고 다른 지역은 제후나 영주를 임명해 다스리게 했어요. 제후나 영주가 왕에게 충성을 맹세하면 왕은 이들을 보호해 주었고, 먹고살 수 있도록 땅을 나누어 주었어요.

즉, 봉건 제도는 자기보다 힘이 세고 권력이 있는 사람에게 충성을 맹세하고, 보호를 받는 제도예요. 따라서 충성과 보호의 의무를 지키지 않으면 언제든지 그 관계가 깨질 수 있었답니다.

중세에 영주(귀족)들이 가진 땅을 '장원'이라고 했어요. 장원에서 농사를 짓는 농민을 '농노'라고 했지요. 농노는 노예와 달리 결혼하거나 집을 소유할 수 있었어요. 그렇지만 장원 밖으로 이사를 가거나 직업을 바꿀 수는 없었지요. 농노는 영주에게 세금을 내야 했고, 부역의 의무도 있었어요. 이런 계급 사회를 중세 봉건 사회라고 한답니다.

신성로마제국의 황제 하인리히 6세

5장
그랜드 바자르에서 탈출하기

소라와 아빠는 터키 이스탄불에 도착하자마자 그랜드 바자르로 향했어요. 그랜드 바자르는 둥근 돔 형태의 지붕으로 덮여 있는 거대한 시장이에요. 이곳은 비잔틴 시대부터 동양과 서양을 잇는 무역의 중심지였어요. 지금도 그랜드 바자르에서는 터키의 보석, 향신료, 도자기 등의 특산물이나 세계 여러 곳에서 온 물건을 팔고 있지요.

"아빠, 그랜드 바자르에는 왜 가는 거예요?"

"응, 동서양에 걸친 대제국의 흔적을 사진에 담아 볼 생각이야."

"동서양에 걸친 대제국이라고요?"

"그래. 페르시아 제국, 로마 제국, 마케도니아 제국, 몽골 제국, 오스만 제국, 무굴 제국 등이 동양과 서양에 걸쳐져 있는 대제국들이었지. 물론 지금은 흔적들만 남아 있지만 말이야."

제국은 일반적으로 황제가 다스리는 나라를 말하지만, 여기서의 제국은 다른 민족, 다른 문화까지 세력을 뻗어 통치하는 나라를 말해요.

그랜드 바자르 입구에는 수많은 사람들이 오가고 있었어요.

"우아, 정말 복잡하네요. 정신이 하나도 없어요."

그랜드 바자르에는 60여 개의 미로 같은 통로에 5,000여 개의 상점이 있어요. 입구는 스무 군데가 넘어요.

소라가 사진을 찍고 있는 아빠에게 물었어요.

"아빠, 무슨 사진을 찍고 있는 거예요?"

"아, 이건 페르시아 도자기와 양탄자인데, 페르시아 제국을 세운 사람들은 손재주가 아주 뛰어나서 이런 물건을 잘 만들었대. 특히 페르시아의 양탄자는 화려하고 섬세하기로 유명하지."

페르시아는 지금의 이란이에요. 우리가 잘 알고 있는 《아라비안 나이트》의 〈알리바바와 40인의 도둑〉, 〈신드바드의 모험〉 등도 페르시아에서 전해져 내려오는 민담을 바탕으로 해서 만들어진 명작이에요.

한두 시간쯤 시장 구경을 하자 배가 출출해졌어요.

"아빠, 배가 고픈데 뭐 좀 먹어요."

"소라야, 오늘은 햄버거를 먹자. 햄버거는 몽골 제국에서 유래한 음식이거든."

13세기, 늘 전쟁을 치러야 했던 몽골 제국의 기마병들은 말을 탄 상태로도 먹을 수 있는 음식이 필요했어요. 그래서 먹고 남은 양고기를 다져 납작한 쟁반 모양으로 만들어 말과 안장 사이에 넣고 다녔지요. 그렇게 하면 말을 타고 달리는 동안 생기는 충격과 압력으로 육질이 부드러워져서 고기를 익히지 않고도 먹을 수 있었대요. 이것이 바로 햄버거의 유래라고 해요.

소라와 아빠는 햄버거를 먹기 위해 출구를 찾았어요.

"아빠, 시장 입구에 햄버거 가게가 있었죠? 어느 쪽으로 가야 하죠?"

"음……그래! 이쪽이야."

아빠는 성큼성큼 자신 있게 걸어갔어요. 하지만 아무리 걸어도 출구는 보이지 않았어요.

"아빠, 벌써 한 시간째 계속 같은 자리를 맴돌고 있는 거 같아요. 페르시아 양탄자 파는 가게가 또 나타났잖아요."

그제야 아빠도 길을 잃었다는 걸 인정했어요.

"소라야, 아무래도 상인들에게 물어봐야겠다."

아빠는 손짓, 발짓을 해 가면서 햄버거 가게가 있는 출구가 어디 있는지 물었어요. 그렇게 몇 번을 물어 겨우 출구를 찾을 수 있었어요.

"휴우, 드디어 나왔다."

소라와 아빠는 햄버거를 맛있게 먹고, 보스포러스 해협을 구경했어요. 이스탄불의 보스포러스 해협은 유럽과 아시아가 나눠지는 곳이에요. 보스포러스 해협을 기준으로 서쪽은 유럽 지역, 동쪽은 아시아 지역이랍니다.

이스탄불은 옛날부터 아시아와 유럽이 공존하는 도시였어요. 4세기 중반 동로마 제국부터 19세기 말 오스만 제국까지 긴 세월 동안 수도였던 이스탄불에서는 동양과 서양의 문화가 함께 어우러져 있는 모습을 쉽게 볼 수 있지요.

소라와 아빠는 이스탄불의 문화유산을 둘러보며 동서양에 걸친 대제국의 역사를 생각해 봤어요.

동서양에 걸친 대제국

세계 최초의 대제국 페르시아

기원전 6세기경 페르시아의 정복왕 다리우스 1세는 인더스 강 주변과 이집트, 마케도니아 등의 나라를 정복해 대제국을 건설했어요. 인류 역사상 가장 먼저 탄생한 대제국이었어요. 다리우스 1세는 힘으로만 나라를 다스리면 곧 멸망한다는 것을 잘 알고 있었어요.

"정치를 잘하려면 나라 안의 사정을 꿰뚫어볼 수 있어야 해."

다리우스 1세는 주요 도시를 연결하는 '왕의 길'이라는 도로를 만들고, 일정한 간격마다 역참을 두었어요. 왕의 관리들은 이 역참에서 머물면서 중요한 일을 왕에게 보고했어요. 그래서 이들을 '왕의 귀' 혹은 '왕의 눈'이라 불렀답니다. 무슨 일이 생기면 왕의 관리들은 빠른 말을 몰고 왕의 길을 달렸어요. 보고를 받은 왕은 신속하게 명령을 내렸지요. 왕의 길 덕분에 넓은 대제국인 페르시아가 잘 다스려질 수 있었어요. 뿐만 아니라 상인들도 왕의 길을 활발하게 이용해 상업이 점점 발달했고, 지역 간의 교류가 활발했어요.

다리우스 1세는 정복 지역의 백성들에게 관대한 정책을 펼쳤어요. 자신은 조로아스터교를 믿었지만, 다른 민족의 언어와 종교와 문화를 인정해 주었어요. 단, 페르시아 제국 내에 있는 모든 민족의 대표들은 1년마다 한 번씩 페르시아 왕에게 찾아와 인사를 드리고 선물을 바치도록 했어요. 페르시아는 이런 방법으로 반란을 막을 수 있었어요.

기원전 490년, 영토를 더 확장하기 위해 페르시아는 그리스 아테네의 북동쪽 마라톤 평야를 침략했어요. 그리스 도시 국가들은 아테네를 중심으로 똘똘 뭉쳐 3차에 걸쳐 침입한 페르시아의 대군을 격퇴했어요. 전쟁에서 패한 페르시아는 서서히 힘이 약해져서 결국 마케도니아의 알렉산드로스 대왕에게 정복당했답니다. 페르시아는 여러 지역에서 발달한 아시아 문명을 최초로 통합한 나라였어요.

세계에서 가장 큰 영토를 가졌던 몽골 제국

몽골 초원에는 수많은 유목민들이 살고 있었어요. 그러다 테무진이라는 사람이 뿔뿔이 흩어져 있는 유목민들을 모아 1206년에 '몽골'이라는 나라를 세우고, 자신은 유목민의 대표인 칭기즈 칸이 되었어요. 칭기즈 칸은 '강력한 힘을 가진 군주'라는 뜻이에요.

칭기즈 칸은 강하고 빠른 부대를 만든 뒤, 나라 밖으로 눈을 돌렸어요. 칭기즈 칸이 첫 번째로 목표로 삼은 곳은 몽골 부족을 괴롭혀 오던 금나라였어요. 1211년, 칭기즈 칸은 몽골군을 이끌고 금을 공격해 무너뜨렸어요. 그런 다음 중앙아시아까지 손을 뻗쳤어요. 당시 중앙아시아에는 이슬람교를 믿는 나라인

호라즘 제국이 자리하고 있었어요. 호라즘 제국은 오늘날의 아프가니스탄과 흑해에 이르는 광대한 지역을 차지한 나라였어요.

칭기즈 칸은 뛰어난 전술을 바탕으로 1219년에 호라즘 제국을 순식간에 무너뜨렸어요. 이는 나중에 몽골 제국이 페르시아, 남러시아, 동유럽까지 정복할 수 있는 발판이 되었지요.

1271년, 칭기즈 칸의 후손인 쿠빌라이 칸은 나라의 이름을 '원'이라고 정하고, 황제가 되었어요. 원은 중국의 송나라를 무너뜨리고 중국 대륙 전체를 손에 넣었어요. 그런 다음 동남아시아를 침략해 베트남, 참파, 자바 등 여러 나라를 차지했어요. 불과 약 70년 만에 몽골 제국은 서유럽과 인도를 제외한 유라시아 대륙의 대부분을 차지하게 되었어요. 이렇게 탄생한 몽골 제국은 인류 역사상 가장 큰 제국이었어요.

칭기즈 칸의 군대가 짧은 시간에 대제국을 건설한 비결은 무엇일까요? 칭기즈 칸의 탁월한 지도력, 날쌘 기병의 기동력과 전투 능력, 정보 수집 능력을 들 수 있어요. 또한 넓은 땅을 하나로 묶는 역참제가 있었어요. 각 도시마다 도로망을 만들고, 약 40킬로미터마다 역참을 설치했지요. 사람이 살지 않는 초원이나 사막에까지 역참을 설치했다고 해요. 이런 역참 덕분에 관리들은 말을 바꿔 타면서 하루에 무려 450킬로미터를 달릴 수 있었고, 상인들도 활발하게 교역을 할 수 있었지요. 원나라의 개방 정책은 동서 문화 교류에도 기여했어요. 다양한 문화가 원나라 안에서 어우러지고 발전해 나갔지요. 이후 원나라는 군사력이 약해지면서 반란 세력에 의해 1368년에 멸망했어요.

동서양을 잇는 대제국 오스만 제국

13세기 중반, 몽골 군대가 서아시아를 공격하자 이슬람 세계의 우두머리 격이었던 셀주크 왕조의 세력이 점차 약해졌어요. 그 틈을 타 오스만 1세가 오늘날 터키 서부 지역에서 자기 이름을 딴 '오스만 제국'을 세웠어요.

물론 처음에는 아주 작은 나라여서 '오스만 공국'이라고 했어요. 오스만 공국은 차근차근 땅을 넓혀 14세기 중반 제국으로 발전한 뒤, 서아시아 이슬람 세계의 강자가 되었지요.

오스만 제국의 왕(술탄)들은 빠르게 영토를 넓혀 나갔어요. 15세기 초, 오스만 제국은 베네치아, 헝가리 등과의 전투에서 승리를 거뒀어요.

1453년에는 비잔티움 제국까지 정복했어요. 약 1,000년 동안 동유럽을 방어하던 비잔티움을 무너뜨리면서 오스만 제국은 서아시아, 아프리카, 유럽 대륙에 걸친 대제국을 건설했어요.

오스만 제국의 기틀을 닦은 술탄은 메흐메트 2세예요. 그는 정복 지역을 힘으로 억누르기보다 전통과 문화와 종교를 존중해 주었어요. 또 외국 상인들에게는 약간의 세금만 내고 오스만 제국 안에서 자유롭게 장사를 할 수 있게 했어요. 이런 정책으로 이스탄불은 동서 교역의 중심지가 되었어요. 이스탄불 시장에는 양탄자, 도자기, 모피, 보석 등 아시아와 유럽 곳곳에서 온 물건들로 가득했고, 상인들로 늘 북적댔지요. 이렇게 수백 년을 이어 오던 오스만 제국은 18세기 이후 쇠퇴하기 시작하였고, 제1차 세계 대전 이후 완전히 무너졌어요. 그 일부는 현재의 터키가 되었지요.

무굴 제국

무굴 제국의 5대 황제 샤 자한이 왕비를 위해 지은 타지마할 궁전

무굴 제국은 16세기 초부터 19세기 중엽까지 인도 지역을 통치한 이슬람 왕조예요. 중앙아시아에 살던 몽골의 후손 바부르는 1526년 세력을 확장시켜 북인도의 중심지인 델리와 아그라를 차지하면서 무굴 제국을 세웠어요. 무굴은 페르시아어로 '몽골'이라는 뜻을 가지고 있어요.

무굴 제국의 전성기는 3대 황제인 악바르 황제 때였어요. 악바르 황제는 인도 북부와 아프가니스탄을 포함하는 제국을 건설했어요. 악바르 황제는 이슬람교도였지만 인도인들의 종교인 힌두교를 억압하지 않았어요. 악바르 황제가 다스리는 동안 동서양의 수많은 상인들이 무굴 제국을 찾았어요. 서아시아의 무슬림 학자들과 예술가들도 부유한 무굴 제국으로 모여들었고, 많은 건축가와 기술자들도 무굴 제국으로 와 왕궁과 모스크, 정원 등을 지었어요. 이슬람 문화와 힌두 문화가 조화를 이뤄 독특한 문화와 예술을 꽃피운 것이지요.

17세기 아우랑제브 왕 때 무굴 제국은 인도의 대부분을 차지하며 크게 발전했어요. 하지만 아우랑제브 왕 이후 무굴 제국의 국력은 급속히 약화되었어요. 1877년, 인도를 식민 지배하고 있던 영국이 이름뿐이던 무굴의 황제를 폐위하면서 무굴 제국은 역사에서 사라졌어요.

6장
중국에서 세계로 연결된 비단길

"아빠, 무슨 책을 그렇게 열심히 읽고 있어요?"

아빠는 심각한 표정으로 비단길과 관련된 책을 읽고 있었어요.

"비단길은 너무 길어서 우리가 쉽게 가 볼 만한 곳을 찾는 중이야."

비단길은 고대 중국과 서역(중국의 서쪽에 있던 여러 나라)을 잇는 무역로예요. 중국의 비단이 수출된 길이라는 뜻에서 '비단길(실크 로드)'이라고 불러요. 비단길은 한나라 때 장건이라는 사람이 처음 개척했는데, 이 비단길을 통해 포도, 석류, 낙타, 사자, 공작, 향로 등이 중국에 전해졌고, 중국의 비단, 칠기, 약재 등이 서역에 전해졌어요. 인도의 불교와

간다라 미술도 이 길을 통해 중국으로 전파되었지요.

아빠는 소라와 비단길이 시작되는 중국 시안(西安)을 찾기로 했어요. 고대 세계의 교역로였던 비단길의 동쪽 시발점은 지금의 시안이며, 서쪽 기점은 레바논의 베이루트와 터키의 이스탄불이에요.

시안에 도착한 소라와 아빠는 거대한 성벽과 성문을 보고 입이 떡 벌어졌어요.

"와, 정말 크다!"

"아빠도 여행을 많이 다녀 봤지만 이렇게 거대한 성벽은 처음 본다. 성벽의 너비만 해도 4차선 도로 정도 되겠는걸. 성문도 정말 높고. 이 성을 언제 다 둘러보지?"

그때 소라가 자전거 대여점 간판을 보고 소리쳤어요.

"아빠, 자전거로 성벽 위를 둘러볼 수 있나 봐요."

그러고 보니 성벽 위에서 자전거를 타고 있는 사람들이 꽤 많았어요.

소라와 아빠도 자전거를 빌려 타고 성벽을 둘러보기 시작했어요.

"아빠, 시안은 어떤 도시였어요?"

소라가 신나게 자전거 페달을 밟으며 물었어요.

"시안은 기원전부터 있던 오래된 도시인데, 지금도 중국의 6대 중심 도시 중의 하나야. 한나라와 당나라를 포함한 17개 왕조가 1,000년이 넘는 기간 동안 이곳을 도읍으로 삼았대. 원래 이름은 장안이었는데 명나라 초기에 시안으로 이름이 바뀌었지."

소라와 아빠는 서문 위에서 잠시 자전거를 멈추고, 성벽 밑 도시를 내려다봤어요.

"아빠, 여기가 비단길 출발점인가 봐요."

"그래. 저 아래 보이는 서문이 바로 비단길로 가는 출발점이었지. 서안이 가장 번성한 당나라 때는 서역 상인들이 저 문을 이용해 드나들 수 있었대."

비단길을 통한 동서 교역은 7세기 중엽 당나라 때에 가장 번성했어요. 당나라 때에는 동서양의 각종 산물과 함께 종교, 음악, 풍습 등이 비단길을 통해 전파되었답니다.

소라와 아빠는 자전거를 다시 돌려주고 성을 내려왔어요.

"중국에서 터키 이스탄불까지 이어지는 비단길은 아주 험난한 길이었대. 그런 길을 지나 동서양의 교역로를 개척한 고대인들이 얼마나 위대한지 느껴지니?"

아빠는 진지한 표정으로 비단길의 출발점이 되는 서문과, 서문 앞으로 뻗어 있는 길을 카메라에 담았어요.

동아시아 역사를 움직인 중국 왕조들

동아시아를 하나의 문화권으로 묶은 당나라

당나라 시대 장안은 황제가 사는 궁궐, 관리들이 일을 보는 관청, 상업 구역, 거주지 등이 있는 철저한 계획 도시였지요. 동아시아 최대의 도시였던 장안에는 100만 명이 넘는 사람들이 살았는데, 동아시아 전역에서 온 사신, 유학생들, 무사들, 예술가들, 서역에서 온 상인들로 항상 북적댔어요.

당나라는 수나라가 멸망한 다음 618년에 건국된 중국의 정통 왕조예요. 약 300년 동안 제국 체제를 유지하며, 동아시아 역사에 매우 큰 영향을 끼쳤어요. 당시 전 세계에서 가장 강력한 국력을 가졌을 정도로 번영한 당나라에서는 유학, 불교, 도교 등이 크게 발달했어요. 또 비단길을 개척해 서역과 무역을 하면서 당나라에는 화려하고 세련된 귀족 문화가 꽃피었어요. 당나라의 화려한 문화는 여러 동아시아 국가들로 퍼져 나갔어요.

동아시아를 하나의 문화권으로 묶는 데 큰 역할을 한 것은 한자와 유교예요. 나라마다 말은 달랐지만, 지식인들은 한자를 읽고 쓸 줄 알았기 때문에 당나라의 문화를 받아들이기 쉬웠어요. 또 유교를 받아들여 나라를 다스리는 기본 이념으로 삼았어요. 유교는 인, 의, 예, 효 등을 중요하게 생각하는 사상이에요. 이처럼 한자와 유교의 영향으로 중국·한반도·몽골·만주·일본·베트남 북부 지역 등은 동아시아 문화권을 형성했어요.

당나라가 기울기 시작한 건 875년부터 9년 동안 이어진 황소의 난 때문이에요. 황소라는 사람이 일으킨 난이라고 해서 '황소의 난'이라고 해요. 당나라 말기에는 끊임없이 당파 싸움이 이어졌고, 전국에서 민란이 일어났는데, 그중 그 규모가 가장 컸던 게 황소의 난이에요. 당나라는 황소의 난을 간신히 진압했지만, 결국 황소의 난이 일어난 지 23년 만에 멸망하고 말았답니다.

중화주의와 조공 무역을 내세운 명나라

아시아와 유럽에 걸쳐 역사상 가장 큰 나라를 이루었던 몽골 제국은 14세기 이후 차츰 역사의 무대에서 사라졌어요. 그 뒤 몽골 제국이 지배하던 땅에는 명나라, 러시아, 오스만 제국 등 새로운 나라들이 등장했지요.

이 중 중국 땅에 세워진 명나라는 동아시아 여러 나라에 큰 영향을 끼쳤어요. 주원장은 원나라 말기에 머리에 붉은 수건을 두르고 싸우는 홍건족의 우두머리로, 원나라에 맞서 싸웠어요. 전쟁터에서 큰 공을 세운 주원장은 1368년 난징을 수도로 삼아 명나라를 세우고 스스로 황제가 되었는데, 그가 바로 홍무제예요.

홍무제는 몽골 족이 중국 땅을 지배하며 남긴 관습과 제도를 모두 없애고 한족 문화를 되살리고자 했어요. 한족은 중국의 대표적인 민족이에요. 명나라

는 한족 고유의 유교 전통을 되살리기 위해 많은 노력을 기울였어요. 곳곳에 서원을 세우고, 양명학(유학의 한 갈래)의 가르침을 널리 전파했어요.

명나라는 국제적으로도 중국의 자존심을 다시 세우려고 했어요. 중국을 세계의 중심이자 최고의 문명국이라고 강조하며, 이웃 나라인 고려, 일본, 티베트 등의 나라에 조공을 바치라고 요구했어요. 중국에 조공을 바치는 나라하고만 교역하겠다고 했지요.

중국이 세계의 중심이라고 생각하는 사상을 '중화주의'라고 해요. 명나라의 황제들은 더 많은 국가들로부터 조공을 받기 위해 노력했어요. 명나라의 3대 황제 영락제 때는 명나라에 조공을 바치는 나라만 30곳 정도였답니다.

처음 명나라가 세워지고 조공을 강요했을 때, 고려에서는 원을 따르는 세력과 명을 따르는 세력 사이에 갈등이 있었어요. 그러다가 명을 지지하는 이성계가 고려를 무너뜨리고 조선을 세운 뒤부터 조선은 명나라에 조공을 바치게 되었답니다.

하지만 동아시아 여러 국가에 막대한 영향력을 행사하던 명나라도 결국 기울기 시작했어요. 1644년에 이자성의 반란군이 시안(장안)을 점령하자 명의 마지막 황제는 스스로 목숨을 끊었어요.

중국의 마지막 왕조, 청나라

1616년, 만주에서는 누르하치가 흩어져 있던 여진족을 통일한 뒤, '후금'이라는 나라를 세웠어요. 후금의 2대 황제 태종은 나라 이름을 '청(淸)'으로 바꾸고, 명나라를 치기 전에 조선을 공격했어요. 당시 조선은 명나라에 우호적인 태도를 보였고, 원조를 하기도 했거든요. 청나라는 명나라를 고립시키기 위해서 조선을 두 차례 침략했는데, 이것이 정묘호란과 병자호란이에요.

조선의 항복을 받은 청나라는 호시탐탐 명나라를 치려고 노렸고, 이자성의 난을 틈타 명나라를 차지했어요. 그런데 수십만 명밖에 안 되는 만주족이 어떻게 1억 5000만 명에 이르는 한족을 다스릴 수 있었을까요? 처음에는 힘으로 한족을 눌렀어요.

"모두 변발을 해라. 변발을 하지 않으면 감옥에 가두겠다."

변발은 머리 뒷부분만 남기고 나머지 부분은 깎은 뒤, 머리털을 한 가닥으로 땋는 머리 모양을 말해요. 청나라는 이렇듯 한족의 풍습을 무시하고 만주족의 풍습인 변발을 강요함으로써 복종의 증거로 삼았지요.

하지만 힘만으로는 한족을 다스릴 수 없다는 것을 안 청나라는 한족의 전통을 존중하고 명의 제도를 이어받았어요. 한족을 관직에 등용시키고, 상업도 크게 발전시켰어요. 상업이 발전하자 백성들의 살림도 넉넉해졌어요. 17세기 중반부터 약 200년 동안 청나라는 평화와 번영을 누렸어요.

그러다 18세기 말 유럽 여러 나라들과 무역을 했는데, 이때부터 청나라의 운이 기울기 시작했어요. 유럽인들은 은을 청나라에 팔고, 청나라의 차, 비단, 도자기 등을 사 갔어요. 당시 청나라와의 무역에서 큰 손해를 보던 영국은 청나라 사람들에게 아편을 팔기 시작했어요. 이로 인해 청나라 백성들이 아편 중독에 빠지고 청나라 경제가 크게 휘청거렸어요.

홍제는 아편 수입을 금지했지만 영국의 동인도 회사는 몰래 아편을 들여와 계속 팔았어요. 청나라는 영국 상인들로부터 억지로 아편을 빼앗아 불태워 버렸지요. 1840년, 영국은 이 사건을 구실 삼아 청나라를 공격했는데, 이것이 바로 아편 전쟁이에요.

  아편 전쟁에서 청나라는 영국의 신식 군대에 무릎을 꿇고, 1842년에 영국과 난징 조약을 맺었어요. 난징 조약 이후, 청나라는 급격하게 무너져 내리기 시작했고, 1894년에는 청일 전쟁까지 일어나 극심한 혼란에 빠졌어요. 그러다 결국 1912년에 멸망했어요.

역사 플러스

일본의 메이지 유신과 제국주의

19세기 초, 일본을 다스리던 에도 막부는 아편 전쟁에서 청나라가 영국에 지는 것을 보고 유럽 강대국들의 힘이 엄청나다는 것을 깨달았어요. 그래서 1853년 미국이 함대를 이끌고 와 무역을 하자고 요구했을 때 순순히 받아들였어요. 하지만 이때부터 일본의 경제는 엉망이 되고, 생활은 날로 어려워졌어요.

그러자 에도 막부에 대한 불만들이 터져 나왔지요. 1868년, 에도 막부에 반대하는 하급 무사들이 반란을 일으켜 막부의 우두머리인 쇼군을 몰아내고, 메이지 왕을 앞세워 권력을 잡았어요. 이를 '메이지 유신'이라고 해요.

메이지 유신을 일으킨 세력은 적극적으로 유럽의 앞선 문물을 받아들이며 근대화를 추진했어요. 일본은 빠르게 유럽 나라들의 제도와 기술을 배워 나갔고, 곧 동아시아의 군사 대국으로 성장했어요.

군사력을 키운 일본은 식민지를 만들기 위해 전쟁을 벌였어요. 1894년 청일 전쟁, 1905년 러일 전쟁에 이어 1910년에는 조선을 식민지로 삼으면서 아시아 최초의 제국주의 국가가 되었답니다.

도쿄를 행차 중인 메이지 천황

7장
민주주의의 상징, 영국 국회 의사당

소라와 아빠가 영국 국회 의사당으로 가고 있을 때 어디선가 시계 종소리가 들려왔어요.

"땡! 땡!"

"아빠, 웬 종소리예요?"

"응, 빅 벤(Big Ben)에서 울리는 시계 소리야."

빅 벤은 영국 국회 의사당 북쪽 끝에 있는 종탑 시계예요. 매 시각마다 종을 울려 시각을 알려 주지요. 정식 명칭은 엘리자베스 타워라고 해요.

"소라야, 서둘러야겠다. 빨리 영국 국회 의사당에 도착해야 방청권을 받을 수 있어."

"아빠, 영국 국회 의사당에는 왜 가는 거예요?"

"세계 역사를 뒤흔든 혁명과 관련된 사진을 찍을 거야. 혁명을 얘기할 때 절대 빼놓을 수 없는 곳이 바로 영국 국회 의사당이거든."

소라와 아빠가 방문하려고 하는 국회 의사당은 영국의 명예혁명과 관련 있는 건물이에요. 명예혁명에 성공한 뒤 영국은 이 국회 의사당에서 의회를 열었어요. 그래서 국회 의사당을 민주주의의 상징이라고 부른답니다.

국회 의사당 정문 광장에 도착하자 한 손에는 칼을 들고, 다른 한 손에는 성경책을 들고 서 있는 동상이 보였어요.

"아빠, 이건 누구 동상이에요?"

아빠는 얼른 동상 밑에 적혀 있는 안내문을 읽은 뒤, 마치 전부터 잘 알았던 것처럼 아는 척을 했어요.

"아, 이건 올리버 크롬웰의 동상이야. 크롬웰은 군주제를 폐지시키고, 혁명을 통해 의회가 중심이 되는 나라를 세우는 데 결정적인 역할을 한 사람이지."

"우아, 아빠는 정말 모르는 게 없네요. 척척박사예요."

소라는 아빠를 향해 엄지손가락을 치켜세웠어요.

"하하, 뭘 이 정도 가지고……. 얼른 들어가자."

정해진 시각이 되자 국회 의사당 복도에 서 있던 군인이 큰 소리로 "전원 기립!"이라고 외쳤어요.

사람들은 그 소리를 듣고 자리에서 벌떡 일어났어요. 의장이 금색 의사봉을 테이블 위에 올려놓는 것으로 의회가 시작되었어요.

의장이 앉아 있는 자리를 중심으로 붉은 선이 그어져 있고, 그 선을 기준으로 양쪽에 서로 다른 당의 의원들이 앉아 있었어요.

"아빠, 저 붉은 선은 뭐예요?"

뜻밖의 질문에 아빠는 말을 더듬었어요.

"자, 잠시만! 갑자기 기침이 나네. 콜록콜록!"

아빠는 기침을 하는 척하며 얼른 가이드북을 뒤적거렸어요.

"중앙에 있는 저 붉은 선은 휴전선 같은 거야. 의장을 중심으로 오른쪽과 왼쪽에 앉아 있는 의원들은 어떤 일이 있어도 저 선을 넘지 않아야 해. 대화와 타협으로 문제를 해결하기 위해 만든 선이지."

그때 갑자기 소라가 웃음을 터뜨렸어요.

"킥킥, 아빠, 의장은 왜 저런 이상한 가발을 쓰고 있어요?"

"쉿! 하얀 곱슬머리 가발을 쓰는 건 영국 의회의 전통 중 하나야. 그만 웃어. 사람들이 쳐다보잖아."

영국인들은 전통과 문화를 중요하게 생각해요. 영국의 정치, 사회 곳

곳에는 아직도 전통을 존중하는 풍속이 남아 있어요. 법정에서 판사들이 가발을 쓰고 재판하는 것과, 국회 의장이나 서기들이 가발을 쓰는 것도 다 전통을 지키기 위해서지요. 최근 영국의 젊은 세대 사이에서는 가발을 쓰지 않는 것이 낫다는 의견도 있어요. 하지만 아직도 전통을 지켜 나가야 한다고 생각하는 국민들이 더 많답니다.

　방청을 끝낸 뒤, 소라와 아빠는 국회 의사당 외부를 구경했어요. 템스 강변에 세워진 영국 국회 의사당은 뾰족한 지붕이 인상적인 고딕 양식의 건물로, 세계 최초로 의회 민주주의를 꽃피운 곳이에요.

　"본래 이곳은 웨스트민스터 궁전이 있던 자리였는데, 화재로 웨스트민스터 궁전이 타 버리자 이 자리에 국회 의사당이 들어서게 된 거야. 중앙 홀을 경계로 남쪽은 상원, 북쪽은 하원 의사당이지."

　아빠는 가이드북에 적혀 있는 내용을 힐끔힐끔 보며 소라에게 설명을 해 줬어요. 아빠와 함께 국회 의사당을 다 둘러본 소라는 영국에서 어떤 혁명이 일어났는지가 궁금해졌어요.

세계 역사를 뒤흔든 혁명

영국의 청교도 혁명과 명예혁명

18세기 무렵 유럽 대부분의 나라에서는 왕이 모든 권력을 잡고 있었어요. 이렇게 왕이 절대적인 권력을 가지고 있는 정치 형태를 '군주제'라고 해요. 하지만 영국은 달랐어요. 영국에서는 왕과 의회가 권력을 나눠 가지고 법에 따라 나라를 다스렸지요.

하지만 왕의 권력이 훨씬 막강했어요. 찰스 1세는 의회가 마음에 들지 않는다며 자기 멋대로 의회를 해산해 버리고, 전쟁 비용을 마련하기 위해 막대한 세금을 거둬들였어요. 그러자 1649년에 왕을 지지하는 세력과 의회를 지지하는 세력 사이에 다툼이 일어났어요. 이 다툼에서 진 찰스 1세는 단두대에서 목숨을 잃었어요. 이때 혁명을 주도한 사람들이 주로 청교도인들이었기 때문에 이를 '청교도 혁명'이라고 해요.

청교도 혁명 이후에도 왕과 의회의 다툼은 계속되었어요. 제임스 2세 역시 이전의 왕들과 마찬가지로 의회와 사이가 좋지 않았어요. 게다가 가톨릭 신자였던 제임스 2세는 로마 가톨릭을 보호하고 도왔어요. 당시 영국 의회의 지도자들은 대부분 신교(개신교)를 믿고 있었어요.

"제임스 2세가 우리 영국을 다시 가톨릭 국가로 만들려나 봐."

"왕권을 강화해서 자기 마음대로 권력을 휘두를 속셈이야."

의회 지도자들은 고민 끝에 네덜란드의 윌리엄 공과 결혼한 제임스 2세의 딸 메리에게 연락했어요. 두 사람은 모두 신교를 믿었지요. 윌리엄과 메리는 의회 지도자들 덕분에 제임스 2세를 몰아내고 공동으로 왕위에 올랐어요. 이

때 의회는 왕에게 '권리장전'에 서명을 해 달라고 요구했어요. 권리장전은 왕의 권한을 제한하고, 의회의 권한을 넓힌다는 내용을 담고 있었어요.

"국왕은 의회가 동의하지 않으면 세금을 거두거나 법 집행을 할 수 없다."

"예전에는 국왕 마음대로 의회를 열었지만, 이제부터는 매년 의무적으로 열어야 한다."

"몇 년마다 선거를 치러 새로운 의회를 구성해야 한다."

의회의 도움으로 왕위에 오른 국왕은 권리장전에 서명할 수밖에 없었지요. 이게 바로 '명예혁명'이에요. 피를 흘리지 않고, 명예롭게 혁명을 이루었다는 뜻이지요.

미국의 독립 혁명

18세기 중반 북아메리카는 영국의 식민지였어요. 원래 북아메리카는 백인이 살지 않는 땅이었어요. 북아메리카 원주민의 땅이었지요. 하지만 콜럼버스가 이 땅을 발견한 뒤, 영국에서 수많은 청교도인들이 종교 박해를 피해 이주해 왔어요.

영국은 처음에 북아메리카 식민지에 큰 간섭을 하지 않았어요. 하지만 전쟁 자금이 부족해지자 식민지 사람들에게 온갖 세금을 내라고 강요했지요. 그러자 북아메리카 사람들도 발끈했어요.

"아니, 왜 우리가 세금을 더 내야 해?"

"영국 의회에 북아메리카 대표는 한 명도 없는데, 왜 우리가 영국 법을 따라야 하지?"

북아메리카 사람들은 '영국 상품 안 사기 운동', '영국 차 대신 커피 마시기 운동' 등을 벌이면서 저항했지요. 그런데도 영국의 동인도 회사가 계속 차를 들여오자, 화가 난 사람들이 보스턴 항구에 머물고 있던 동인도 회사의 배를 습격한 뒤, 배에 실려 있던 차를 몽땅 바다에 던져 버렸어요. 이를 '보스턴 차 사건'이라고 해요. 그러자 영국 의회는 곧 군대를 보내 문제를 일으킨 사람들을 제압했어요. 그럴수록 북아메리카 사람들의 불만은 점점 커져 갔지요.

1774년, 마침내 북아메리카 13개 식민지의 대표들이 모였고, 영국의 지배에서 벗어나 독립국을 세우자고 뜻을 모았어요. 1775년에는 대립이 결국 전쟁으로 치달아 전투가 벌어졌어요. 초기에는 영국의 승리가 거의 확실했어요. 영국은 당시 세계에서 가장 강력한 군대를 가진 나라였고, 전쟁 경험도 풍부했거든요. 하지만 조지 워싱턴이 독립군 총사령관을 맡고 나서 1776년 '독립 선언'을 발표한 독립국은 서서히 영국을 몰아붙이기 시작했어요. 프랑스와 에스파냐도 북아메리카의 독립을 지원했어요.

1783년, 마침내 독립군은 영국군을 물리치고 독립을 이룩했어요. 독립을 쟁취한 식민지 대표들은 곧 새로운 헌법을 만들고, 국민의 투표로 뽑은 대통령과 의회가 나라를 이끌어 가는 공화국을 세웠어요. 조지 워싱턴이 초대 대통령으로 선출되었지요. 이렇게 해서 1789년에 '미합중국(United States America, 미국)'이 탄생하게 된 것이죠.

프랑스 대혁명

미국 독립 혁명에 대한 소식이 전해지자 프랑스 사람들은 동요했어요.

"아메리카에 왕이 아니라 국민이 다스리는 나라가 세워졌대."

미국의 독립 전쟁을 지원할 무렵 프랑스는 루이 14세가 나라를 다스리고 있었어요. 루이 14세는 '짐이 곧 국가다!'라고 외치며, 자신의 권위를 높이기 위해 베르사유 궁전을 화려하게 증축하라고 명령했어요. 국민들은 더 많은 세금을 내고 노동력까지 제공해야 했는데, 왕은 불필요한 정복 전쟁을 거듭하여 나라의 빚은 산더미처럼 쌓였어요.

루이 15세의 뒤를 이어 왕이 된 루이 16세는 1789년 삼부회를 소집했어요. 당시 프랑스는 성직자, 귀족, 평민으로 신분이 나누어져 있었는데, 이 세 계급의 대표들이 모인 회의를 삼부회라고 해요. 루이 16세는 삼부회 대표들을 설득하려고 했어요.

"나라 빚이 산더미처럼 쌓여서 세금을 더 거둬야겠소."

하지만 평민 대표는 루이 16세의 말을 따르지 않고 '국민 의회'를 만들어 맞서 싸우기로 결의했어요.

1789년 7월 14일, 성난 파리 시민들이 무기를 들고 바스티유 감옥을 습격했어요. 프랑스 대혁명이 시작된 것이지요. 국민 의회는 8월 26일 '인권 선언'을 발표했어요. 프랑스의 '인권 선언'은 미국의 '독립 선언서'와 닮은 점이 많아요. 신분이나 지위를 따지지 않고 모든 시민이 자유를 누릴 수 있고, 법 앞에서 누구나 평등하다는 점을 분명히 밝혔지요. 1793년 1월, 루이 16세는 단두대에서 목숨을 잃었어요.

시민이 중심이 되어 일으킨 프랑스 대혁명은 낡은 제도를 무너뜨리고 근대로 가는 발판을 마련해 주었어요. 또한 전 세계인들에게 자유와 평등의 가치가 얼마나 중요한지 알리는 혁명이었답니다.

영국의 산업 혁명

18세기 중반, 영국에서는 면직물을 찾는 사람들이 부쩍 늘어났어요. 면은 옷 이외에 여러 용도로 활용할 수 있었고, 가격도 쌌거든요. 사람들은 "어떻게 하면 더 빨리 질 좋은 면직물을 만들 수 있을까?" 하고 고민했어요. 그러다 목화에서 실을 뽑는 방적 기계와, 실로 천을 만드는 방직 기계를 잇달아 발명했지요. 이로 인해 실 생산량은 300~400배나 늘었고, 옷감도 대량 생산할 수 있게 되었어요.

영국과 세계의 산업 혁명을 촉발한 증기 기관

18세기 후반, 영국 곳곳에는 면직물 공장이 들어서기 시작했어요. 그 무렵 제임스 와트가 기계를 돌리는 데 필요한 증기 기관을 발명했어요. 증기 기관은 석탄을 때서 생기는 증기를 이용했기 때문에 석탄 산업도 활기를 띠었어요. 또한 여러 가지 기계의 재료가 되는 철 생산 산업도 크게 발전했지요.

이렇게 여러 기계들이 꼬리에 꼬리를 물듯 발명되면서 관련 산업이 함께 발전했는데, 이를 '산업 혁명'이라고 해요. 이후, 모든 부분에서 기계화가 이루어지면서 영국은 싼 가격에 물건을 생산할 수 있게 되었고, 영국에서 생산된 물건은 전 세계 시장을 휩쓸었어요.

산업 혁명은 세계로 확산되면서 근대화의 촉매 역할을 했어요.

8장
콜럼버스는 영웅일까? 침략자일까?

소라와 아빠는 미국 뉴욕에서 '콜럼버스의 날'에 열리는 퍼레이드에 참가했어요.

콜럼버스의 날은 1492년 10월 12일 탐험가 크리스토퍼 콜럼버스가 처음으로 아메리카 대륙에 상륙한 것을 기념하는 날이에요. 아메리카 대륙에 있는 대부분의 국가들은 10월 12일을 기념일로 지정하고 있고, 미국은 매년 10월 두 번째 월요일을 국경일로 지정해 기념하고 있어요.

"아빠, 퍼레이드 행렬이 끝이 없어요. 그런데 왜 이탈리아 국기를 든 사람들이 이렇게 많아요?"

"아, 그건 콜럼버스가 이탈리아 사람이기 때문이야."

"에스파냐 사람이 아니고요?"

탐험을 좋아했던 콜럼버스는 이탈리아에서 태어났어요. 하지만 이탈리아 정부에서는 콜럼버스에게 탐험에 필요한 물자를 지원해 주지 않았어요. 그러자 콜럼버스는 1492년 에스파냐의 이사벨라 여왕의 후원을 받아 항해를 시작했다고 해요.

차가 다니지 않는 거리에는 뉴욕 시민, 여행객, 관광객들 때문에 발 디딜 틈도 없었어요. 퍼레이드의 맨 앞에서는 대규모의 악단이 연주를 하고 있었어요. 아빠는 퍼레이드가 열리는 거리를 이리저리 뛰어다니며 사진을 찍었어요. 바로 그때 서부 시대 미국 기병대 복장을 한 사람들의 행렬이 나타나자 소라가 환호성을 질렀어요.

"아빠, 저기 봐요. 말을 탄 기병대예요. 우리도 따라가요!"

"그럴까?"

소라와 아빠는 기병대의 뒤를 따랐어요.

"꼬마야, 너 뉴욕에 사니?"

기병대 장교 복장을 한 사람이 소라에게 물었어요. 소라는 영어로 대답해야 해서 조금 긴장했지만, 되도록 자신감 있게 말했어요.

"아니요, 아빠랑 여행 왔어요. 아저씨, 옷이 멋져요. 말도 멋있고요."

"오, 그래? 기병대 모자를 한번 써 볼래?"

장교 복장을 그 사람은 말을 잠깐 멈추고 소라에게 모자를 벗어 씌워 주었어요. 모자가 커서 코까지 내려왔지만, 소라는 기분이 좋았어요.

"아빠, 미국 개척 시대 기병대들이 쓰던 모자를 쓰니까 정말로 용감한 기병대가 된 거 같아요."

"하하하, 우리 딸 아주 신났구나."

그때였어요. 갑자기 한 무리의 사람들이 피켓을 들고 나타났어요.

"콜럼버스는 신대륙을 발견한 영웅이 아니라, 이곳에서 평화롭게 살던 원주민들의 땅을 빼앗은 침략자다."

"당장 콜럼버스의 날을 폐지하라!"

콜럼버스의 날 반대 시위를 벌이는 사람들은 큰 소리로 자신들의 생각을 알렸어요.

"아빠, 저 사람들은 왜 이런 신나는 축제를 반대하는 거예요?"

"음, 아메리카로 건너온 개척자들 입장에서는 즐거운 축제이지만, 이곳에 살았던 원주민들 입장에서는 침략을 당해서 그렇지."

1999년, 《뉴욕타임스》는 당대 최고의 지식인들에게 지난 1천 년 동안 최고의 발견이나 발명, 아이디어 등을 뽑아 달라고 부탁했어요. 이때 지식인들은 '최고의 사고'로 1492년 아메리카 대륙에 상륙한 콜럼버스의 탐험을 꼽았어요.

대부분의 중앙아메리카 국가의 원주민들은 콜럼버스가 아메리카 대

륙을 '개척'했다고 말하지 않아요. 콜럼버스가 아메리카 대륙에 상륙하기 전에도 이곳에는 원주민들이 살고 있었으니까요. 아메리카 대륙의 주인은 원래 원주민들이었어요. 콜럼버스는 초대하지 않은 손님이었지요. 그런데 그 손님이 갑자기 주인 행세를 하며 원주민들을 학살하고, 노예로 부렸으니 반가울 리가 있겠어요?

소라는 원주민들 입장에서는 정말 억울했겠다고 생각했어요.

"콜럼버스가 영웅인 줄로만 알았는데, 꼭 그렇지만도 않네요."

"그래. 유럽인들의 입장에서는 신대륙을 발견한 위대한 개척자라고 할 수 있지. 유럽에서 아메리카로 가는 가장 짧은 항로를 개척했고, 그 길을 따라 많은 사람들이 아메리카로 이주했으니까. 하지만 그때 아메리카에 살던 수많은 원주민들을 학살했으니, 원주민들의 입장에서 볼 때 콜럼버스는 잔인한 침략자인 셈이지."

아빠의 설명을 들으며 소라는 대항해 시대의 탐험의 의미에 대해 다시 한 번 생각해 볼 수 있었어요.

세계 지도를 바꾼 탐험

바스쿠 다 가마와 대항해 시대의 시작

15~16세기 무렵, 고기를 즐겨 먹는 유럽인들에게는 후추가 아주 중요한 향신료였어요.

"후추를 사용하면 고기의 누린내가 사라지고 오래 보관할 수 있어."

당시 후추의 무게당 가격은 황금과 같을 정도로 비쌌어요. 하지만 안타깝게도 유럽에서는 후추를 생산할 수 없어 비싼 돈을 주고 인도에서 후추를 수입했지요. 유럽과 인도 사이에 위치한 오스만 제국은 향신료 무역으로 큰돈을 벌었어요. 인도에서 후추를 사다가 유럽에 팔아 큰 이익을 남겼지요.

그런데 십자군 전쟁으로 유럽과 관계가 나빠진 뒤부터 오스만 제국은 유럽 국가들과 향신료 거래를 하지 않았어요. 베네치아 상인들하고만 거래를 했지요. 그 바람에 포르투갈이나 에스파냐는 더욱 비싼 돈을 주고 베네치아 상인들로부터 후추를 살 수밖에 없었어요.

당시 포르투갈과 에스파냐 상인들은 후추를 직접 구매하는 게 꿈이었어요. 그렇게 할 수만 있다면 큰 이익을 남길 수 있을 테니까요. 하지만 당시에는 인도로 가는 항로를 아는 사람이 없었어요.

　1497년 7월, 포르투갈의 바스쿠 다 가마는 그 꿈을 이루기 위해 배 네 척과 선원 170명을 이끌고 항구를 출발했어요. 일행은 수많은 역경을 뚫고 10개월 만에 드디어 인도에 도착했지요. 이들은 포르투갈로 돌아와 인도에서 산 후추를 600배 가격에 팔았어요. 그렇게 해서 탐험에 들어간 돈을 제외하고도 큰 이익을 남길 수 있었지요.

　이때부터 포르투갈은 본격적으로 향신료 무역에 뛰어들었어요. 포르투갈은 구리를 인도에 팔고, 인도의 후추와 면직물, 동남아시아의 향신료, 중국의 도자기와 비단 등을 유럽으로 가져와 큰 이익을 남겼어요. 그 과정에서 인도의 고아, 말레이 반도의 말라카, 중국의 마카오 등에 무역의 거점과 식민지를 마련했지요.

　그 뒤를 이어 네덜란드, 에스파냐, 영국, 프랑스 등의 나라가 향신료 무역에 뛰어들면서 대항해 시대가 열렸어요.

콜럼버스와 아메리카 대륙의 역사

　1492년, 에스파냐의 이사벨라 여왕의 후원을 받은 콜럼버스는 인도를 찾아 서쪽으로 항해를 시작했어요. 당시 아프리카를 돌아 인도로 가는 동방 항로는 이미 포르투갈이 점령하고 있었어요. 그래서 에스파냐는 하는 수 없이 대서양을 가로질러 서쪽으로 가는 항로에 기대를 걸 수밖에 없었어요.

　"지구가 둥글게 생겼어. 그러니까 서쪽으로 계속 가면 인도에 닿을 수 있을

거야."

이게 바로 콜럼버스의 생각이었지요. 두 달이 넘는 긴 항해 끝에 콜럼버스 일행은 드디어 목적지에 도착했어요. 하지만 어찌 된 일인지 그곳에는 후추가 없었어요. 콜럼버스가 도착한 땅은 인도가 아니라 지금의 아메리카 대륙이었기 때문이에요. 하지만 콜럼버스는 자신이 발견한 곳이 인도라고 믿었기 때문에 원주민들을 '인디오'라고 불렀어요. 인디오는 '인도 사람'이라는 뜻이에요. 원주민들에게 콜럼버스는 무서운 침략자였어요. 무력을 앞세워 원주민들에게 황금을 구해 오게 했고, 못 구해 오면 노예로 팔아넘겼거든요.

콜럼버스가 인도를 찾아 나섰다가 우연히 아메리카 대륙을 발견한 사건은 세계 역사의 중요한 전환점이 되었어요.

"이보게, 소식 들었나? 콜럼버스가 발견한 땅에서 굉장한 황금을 찾았대."

"엘도라도라는 황금으로 된 도시가 있대."

이런 소문을 듣고 유럽인들은 황금을 찾아 너도나도 신대륙으로 향했어요.

1519년, 에스파냐의 코르테스는 600명의 병사들을 이끌고 아스텍 왕국으로 쳐들어왔어요. 목적은 오직 황금이었지요. 당시 아스텍 왕국은 수만의 병사를 거느린 제국이었어요. 처음에 아스텍 사람들은 코르테스의 군대를 크게 환영했어요. 그들을 날개 달린 뱀신 '케찰코아틀(수염을 기르고 흰 피부를 가진 전설상의 인물)'로 착각했던 것이죠.

덕분에 코르테스는 피 한 방울 흘리지 않고 아스텍 제국을 정복할 수 있었어요. 그 뒤, 코르테스는 아스텍 문명을 파괴하고, 그곳에 멕시코시티를 건설했어요.

1531년, 피사로가 이끄는 에스파냐 군대는 잉카 제국을 공격했어요. 피사로는 기습적으로 잉카 제국의 왕을 체포하고 인질로 삼았어요. 그리고 금을 방 안 가득 채우면 왕을 풀어 주겠다고 했지요. 잉카 사람들은 왕을 살리기 위해 금을 모아 방 안 가득 채웠어요. 하지만 피사로는 금을 받고도 왕을 죽였어요. 왕이 죽자 잉카 사람들은 뿔뿔이 흩어졌고, 피사로는 1533년에 잉카 제국을 정복했지요.

이처럼 남아메리카 여러 나라들은 유럽의 침략으로 나라를 빼앗기고, 삶의 터전을 잃어버렸어요. 반면에 유럽인들은 무력으로 남아메리카의 여러 나라를 지배하며 큰돈을 벌어들였답니다.

마젤란의 최초의 세계 일주

1519년에는 포르투갈 출신의 탐험가인 마젤란이 다섯 척의 배에 300여 명의 선원을 태우고 최초로 세계 일주에 도전했어요. 마젤란 탐험대는 3개월간 태평양을 항해한 끝에 괌 섬에 도착했고, 1521년 3월에는 필리핀에 도착했어요.

마젤란은 필리핀 주변의 섬에 기독교를 전파하며 일부 부족과 좋은 관계를 맺었어요. 그러면서도 필리핀을 에스파냐 식민지로 만들 속셈을 가지고 있었어요. 하지만 라푸라푸가 이끄는 부족과 벌어진 막탄 전투에서 마젤란이 이끄는 부대가 크게 패했고, 마젤란도 그곳에서 목숨을 잃었어요. 라푸라푸는 침략자에 대항한 최초의 동남아시아인으로서 필리핀의 영웅이 되었지요.

이때 두 척의 배로 겨우 필리핀을 탈출한 선원들은 마젤란의 뜻을 좇아 항해를 계속했고, 1522년에 에스파냐에 도착했어요.

마젤란의 항해는 최초의 세계 일주였어요. 이 항해로 지구가 둥글다는 것이 최초로 증명되었지요. 이 무렵부터 속속 새로운 항로가 개척되기 시작했어요. 태평양 항해에 성공하면서 에스파냐는 동남아시아, 중국, 일본과도 직접 교역을 할 수 있게 되었어요. 이를 시작으로 유럽인들은 북아메리카, 남아메리카, 아프리카, 동남아시아 등 세계 여러 곳을 식민지로 삼게 되었답니다.

대항해 시대가 바꾼 세계 지도

아메리카 대륙에 살던 원주민들에게 대항해 시대는 저주였어요. 아메리카 대륙을 찾은 유럽인들은 원주민들의 재산을 약탈하고 수많은 사람들을 죽였어요. 또 원주민들을 노예로 붙잡아 가기도 했어요.

유럽인들은 마야 문명, 잉카 문명, 아스텍 문명 등 남아메리카 원주민들이 이룩한 문명을 철저히 파괴했어요. 그로 인해 남아메리카 원주민이 세운 문명은 제대로 이어지지 못하고 영영 사라지고 말았지요.

대항해 시대로 인해 아프리카에서도 큰 변화가 찾아왔어요. 무력을 앞세운 유럽인들은 아프리카 흑인들을 노예로 붙잡아 갔어요. 유럽으로 끌려온 수많은 원주민들은 매일 기계처럼 일만 해야 했어요. 반면에 유럽인들은 노예들의 노동력을 이용해서 큰 부를 쌓았지요.

이처럼 대항해 시대는 전 세계에 큰 영향을 끼쳤어요. 아메리카와 아프리카 대륙에 있는 많은 나라가 식민지가 되었고, 수많은 사람들이 노예가 되거나 목숨을 잃었어요. 반면에 포르투갈, 에스파냐, 네덜란드, 영국, 프랑스 등은 대항해 시대를 통해 아메리카, 아프리카, 아시아 등에 식민지를 개척할 수 있었어요. 그로 인해 엄청난 부를 얻을 수 있었지요. 이때 얻은 부로 유럽은 눈부시게 발전했어요. 또 수많은 유럽인들이 식민지인 남아메리카, 중앙아메리카 등으로 이주해 새로운 삶을 살기 시작했지요. 이런 점에서 유럽인들에게 대항해 시대는 새로운 세계를 열어 주었다고 볼 수 있어요.

역사 플러스

동서를 잇는 비단길

대항해 시대가 있기 훨씬 전부터 탐험가들은 미지의 땅을 찾아 탐험을 떠났어요. 기원전 139년, 한나라의 장건은 한 무제의 명을 받아 서역 탐험에 나섰어요. 기원전 126년에 한나라로 돌아온 장건은 서역 지역에 대한 정보를 전했어요. 이후 한나라의 상인들이 서역으로 진출하면서 동서 교류를 위한 새로운 길인 비단길이 열렸어요. 중국의 비단이 이 길을 통해 유럽에 전해져 비단길이라 불르게 된 것이죠.

비단길은 중국에서 로마까지 이어졌어요. 그런데 이 비단길은 높은 산을 넘고 타클라마칸 사막을 지나야 하는 험난한 길이었어요. 가는 도중에 목숨을 잃는 사람들도 많았지요. 하지만 중간에 오아시스 도시들이 생겨나면서 상인들은 비단길을 통해 활발하게 무역을 할 수 있었어요.

비단길을 통해 중국의 종이, 인쇄술, 화약, 비단 등이 유럽에 전해졌어요. 로마의 귀족들은 중국 비단의 부드러운 감촉과 아름다운 광택에 반해 비싼 값을 주고 비단을 샀지요. 비단길을 통한 동서 교역은 7세기 중엽 당나라 때 가장 번성했어요. 이때 동서양의 각종 산물, 종교, 음악, 미술 등이 비단길을 통해 서로에게 전해졌지요.

비단길을 통해 무역을 하는 대상들

9장
루브르 박물관
하루 만에 정복하기

소라와 아빠는 프랑스의 루브르 박물관을 찾았어요.

"아빠, 루브르 박물관은 왜 온 거예요?"

"그리스 문화, 헬레니즘 문화, 로마 문화, 르네상스 문화와 관련된 예술 작품을 사진에 담고 싶어서."

소라와 아빠는 한 시간 동안 줄을 서서 겨우 표를 끊었어요.

"아빠, 구경도 하기 전에 벌써 체력이 바닥난 거 같아요. 도대체 루브르 박물관을 다 구경하려면 몇 시간 정도 걸릴까요?"

"몇 시간이라니? 루브르에 전시되어 있는 전시품을 다 보려면 꼬박

일주일은 걸린대."

"일주일!"

소라가 눈을 동그랗게 뜨자 아빠가 말했어요.

"마음 같아서는 천천히 다 둘러보고 싶은데, 우리는 일정 때문에 오늘 하루밖에 시간이 없구나. 유명 작품들만 봐도 하루가 다 갈 거야. 아, 아쉽다, 아쉬워!"

"박물관이 이렇게 넓은데 사진 찍어야 하는 작품이 어디에 있는지 어떻게 알아요?"

"오디오 가이드를 빌리면 되지. 오디오 가이드 안에는 내비게이션이 들어 있어서 어떤 작품을 보러 가고 싶다고 입력만 하면 안내를 해 준대. 물론 작품에 대한 설명도 해 주지. 잠깐만 기다려. 아빠가 금방 빌려올게."

잠시 뒤, 아빠가 오디오 가이드를 빌려와 〈밀로의 비너스〉를 입력하자 길 안내가 시작되었어요.

"오른쪽…… 왼쪽…… 다음 블록에서 직진……."

〈밀로의 비너스〉 상이 나타나자 오디오 가이드는 간단하게 작품 설명도 해 줬어요.

"〈밀로의 비너스〉 상은 아프로디테 상이라고도 합니다. 이 작품은 아름답고 완벽한 균형을 가진 여성의 몸매를 아름답게 표현한 작품으로 헬레니즘 시대 문화를 대표하는 작품입니다. 헬레니즘 시대의 문화는 개인적이면서도 현실적인 것을 강조하는 것이 특징입니다. 이러한 헬레니즘 문화는 사람들의 생각뿐만 아니라 미술이나 과학에까지 큰 영향을 미쳤습니다."

아빠는 비너스 상을 찍은 뒤, 르네상스 시대의 대표 작품인 〈모나리자〉를 입력했어요.

"왼쪽…… 오른쪽…… 계단이 나타나면 아래층으로 내려가세요. 그다음 왼쪽으로 직진……."

"아빠, 오디오 가이드가 없었으면 어떡할 뻔했어요? 박물관이 넓어도 너무 넓어요."

소라는 종종걸음으로 아빠를 따라가며 말했어요.

오디오 가이드가 알려 준 곳으로 갔는데, 〈모나리자〉는 안 보이고, 사람들만 와글와글했어요.

까치발을 들고 사방을 둘러보던 아빠가 보물을 발견한 사람처럼 외쳤어요.

"앗, 저기 있다! 이 많은 사람들이 다 〈모나리자〉를 보려는 사람들이었어."

소라와 아빠는 사람들의 등을 바라보며 오디오 가이드의 설명을 들었어요.

"레오나르도 다빈치가 그린 〈모나리자〉는 르네상스 시대를 대표하는 그림입니다. 르네상스 시대에는 멀리 있는 것은 멀리 보이고 가까이 있는 것은 가깝게 보이도록 그리는 원근법이 나타났습니다. 또한 물체의 입체감과 거리감을 실감 나게 표현하기 위해 명암법이 등장했지요. 〈모나리자〉는 원근법과 명암법을 이용해 그린 르네상스 시대 최고의 인물화입니다."

설명이 끝났지만, 소라와 아빠는 그때까지 사람들 틈을 비집고 들어가지 못했어요.

"소라야, 안 되겠다. 아빠가 목마 태워 줄 테니까 네가 〈모나리자〉 사진을 찍어 볼래?"

"알았어요."

소라가 목마를 타자 아빠의 입에서는 신음 소리가 흘러나왔어요.

"끄응!"

"아빠, 무거워요?"

"아, 아니……. 얼른 사진이나 찍으렴."

아빠가 자꾸 휘청거리는 바람에 소라는 겨우 〈모나리자〉 사진을 찍을 수 있었어요. 루브르 박물관에서 각 시대를 대표하는 예술품을 감상한 소라는 그리스 문화, 헬레니즘 문화, 로마 문화, 르네상스 문화가 서로 어떻게 다른지 더욱 궁금해졌어요.

세계를 변화시킨 문화와 예술

유럽 문화의 뿌리, 그리스 문화

기원전 8세기경 지금의 그리스 땅 주변에는 폴리스(도시 국가)가 생겨났는데, 그 수가 무려 200개가 넘었다고 해요. 그중 가장 대표적인 폴리스가 바로 스파르타와 아테네예요.

스파르타는 평야 지역 끝자락에 위치해서 적의 침입을 방어해야 했기 때문에 혹독한 군사 훈련을 했어요. 그 덕분에 스파르타는 그리스 지역의 군사적 패권을 잡았지요.

하지만 아테네는 자유로운 도시 국가였어요. 아테네 사람들은 '아고라'라고 하는 광장에 모여 자유롭게 의견을 나누며 문화와 예술을 발전시켜 나갔어요. 이런 자유로운 분위기 속에서 플라톤, 아리스토텔레스, 소크라테스 등 많은 철학자, 수학자, 예술가들이 나타났지요.

고대 그리스인들은 수많은 신을 믿었고, 모든 일을 신에게 의지했어요. 신들의 이야기인 그리스 신화도 만들었지요. 지혜의 여신 아테나, 주신(主神) 제우스, 바다의 신 포세이돈, 전쟁의 신 아레스, 사랑의 여신 아프로디테 등이 그리스의 대표적인 신이에요.

그리스인들은 신들도 인간과 똑같은 모습이고, 인간처럼 감정을 느낀다고 생각했어요. 그래서 그리스의 신들은 인간처럼 결혼도 하고, 다투기도 하고, 토라지기도 해요. 이처럼 그리스인들은 모든 것을 인간 중심으로 생각했어요. 이것을 인간 중심적인 문화라고 하는데, 이런 그리스 문화의 특징은 조각, 문학, 역사 등에 잘 나타나 있어요.

그리스 문화와 오리엔트 문화의 만남, 헬레니즘 문화

기원전 6세기 말 메소포타미아 지역을 통일한 페르시아는 그리스 지역까지 침략했어요. 그러자 아테네와 스파르타를 중심으로 그리스의 많은 폴리스들이 똘똘 뭉쳐 페르시아에 맞서 싸웠어요. 이 전쟁에서 그리스는 승리를 거두었고, 이후 아테네는 폴리스 중에서 가장 크게 발전했어요. 아테네의 세력이 점점 강해지자 스파르타는 아테네를 시기했어요.

결국 그리스의 폴리스들은 아테네 편과 스파르타 편으로 갈라져 전쟁을 치렀어요. 이 전쟁을 펠로폰네소스 전쟁이라고 하는데, 이 전쟁에서 스파르타가 승리를 거두었어요. 하지만 전쟁의 여파로 폴리스들은 힘이 약해졌고, 얼마 못 가서 마케도니아의 왕 필리포스에게 정복당하고 말았답니다.

오늘날의 마케도니아는 작은 나라지만, 당시에는 지중해 주변을 모두 차지한 강대국이었어요. 필리포스의 아들 알렉산드로스는 유럽, 아시아, 아프리카에 걸친 대제국의 정복자가 되었어요. 그리스 철학자인 아리스토텔레스에게 철학, 문학, 정치 등을 3년 동안 배운 알렉산드로스는 그리스 문화를 유난히 좋아했어요. 그는 정복한 지역에 그리스인들이 이주해 살게 하는 등 그리스 문화를 전파하는 데 앞장섰어요.

그러다 보니 그리스 문화와 동양의 문화가 뒤섞이게 되었고, 두 문화가 융합된 '헬레니즘' 문화가 탄생했지요. 헬레니즘은 '그리스인처럼 행동하자.'라는 뜻을 담고 있어요. 알렉산드로스 대왕이 넓은 지역을 다스리기 시작하면서 그리스와 중동, 서남아시아의 문화 교류가 활발해졌고, 그로 인해 헬레니즘이 생겨난 것이죠.

개방적이고 실용적인 로마 문화

3세기 무렵, 지중해에는 새로운 강국 로마가 나타나 주변 나라를 하나둘 정복하기 시작했어요. 이때 헬레니즘 문화권에 있던 그리스, 이집트, 시리아 등도 모두 로마의 지배에 놓이게 되지요. 하지만 로마의 문화는 다른 나라에 비해 많이 뒤처졌어요.

그래서 로마인들은 자신들이 정복한 나라의 앞선 문화를 받아들이기로 했어요. 카르타고를 정복한 뒤에는 카르타고의 문화를 적극적으로 받아들였어요. 그리스를 정복한 뒤에도 로마인들은 그리스인에게 자신들의 말인 라틴어를 강요하지 않았어요. 오히려 자신들이 그리스어를 배워서 그리스의 책을 읽고, 지식을 얻었지요. 이처럼 로마는 그리스 문학의 영향 아래 자신들의 문화를 발전시켜 나갔어요. 그리스의 철학도 받아들여 나름대로 변형시켰고, 미술, 조각 등도 그리스의 걸작들을 모방했지요.

로마 문화는 한마디로 그리스 문화와 헬레니즘 문화를 모방한 문화였어요. 로마인들은 자존심을 내세우지 않고, 다른 나라의 문화를 받아들여 자기들 것으로 만들 줄 알았어요. 그러다 보니 로마 제국 시대에는 실용적인 문화가 매우 발달했답니다.

인간 중심의 르네상스 문화

중세 유럽에서는 교회가 사람들의 생각을 지배했어요. 사람들은 오직 신의 말씀에 따라 행동하고 생활했어요. 그런데 1096년부터 약 200년 동안 이어진 십자군 전쟁은 사람들의 생각을 확 바꿔 놓았어요. 전쟁으로 많은 사람들이 죽자, 사람들은 차츰 교회의 속박에서 벗어나 자신의 삶을 살고 싶어 했어요.

이런 분위기 속에서 르네상스가 시작되었어요. 르네상스는 유럽 문명사에서 14세기부터 16세기 사이에 일어난 문예 부흥 운동인데, 이탈리아에서 처음 시작되었어요. 당시 이탈리아는 여러 도시 국가로 나누어져 있었어요. 그중 피렌체는 풍부한 경제력을 갖추고 있던 메디치 가문이 다스렸어요. 큰 부자였던 메디치 가문은 재능 있는 예술가들을 지원해 주었어요. 그러자 수많은 예술가들이 피렌체로 몰려들었고, 피렌체는 예술의 중심지가 되었지요.

피렌체에서 활동한 예술가, 과학자, 철학자들은 고대 그리스 문화로 눈을 돌리고, "고대 사람들의 감각이 우리가 살고 있는 중세보다 더 낫다."라고 주장했어요.

'르네상스'는 '부흥', '재생'이라는 뜻을 가진 프랑스 말이에요. 도대체 무엇을 부흥하고 재생한다는 걸까요? 바로 신 중심의 중세 사고에서 벗어나 인간을 중요하게 생각하던 고대 그리스의 문화적 전통을 되살리자는 말이에요.

르네상스 시대에는 뛰어난 예술가들과 학자들이 많이 나왔어요. 예술적인 가치가 뛰어난 건축, 그림, 조각 등도 많이 탄생했지요. 레오나르도 다빈치, 보티첼리, 미켈란젤로, 단테 등이 모두 르네상스 시대의 예술가들이랍니다. 이들은 '자유로운 인간'을 주제로 한 예술 작품을 많이 남겼어요.

또 사회 계층의 변화가 심해져서 시민 문화가 형성되었어요. 그 특성이 고대의 도시 국가와 유사해서 로마법이나 정치 제도에도 관심을 가지게 되었지요. 그래서 르네상스 시대에는 문화·예술 분야뿐 아니라 정치·과학 등 모든 분야에 걸쳐 새로운 시도와 다양한 실험이 이루어졌어요. 이탈리아에서 시작된 르네상스는 16세기까지 독일, 프랑스, 영국 등 유럽 각지로 퍼져 나갔고, 유럽은 빠르게 근대 사회로 발전해 나갔어요.

르네상스 시대의 위대한 예술가

레오나르도 다빈치

미술, 과학, 기술, 해부학 등 여러 분야에서 천재성을 보여 준 르네상스 시대의 대표적인 예술가예요. 기술자로도 뛰어난 능력을 발휘했어요. 하늘을 나는 비행기와 물속에서 자유롭게 움직이는 잠수함 등을 설계했지요.

〈모나리자〉는 다빈치가 그린 가장 유명한 그림이에요. 르네상스 회화의 모든 것을 보여 주는 작품이라 할 수 있지요. 원근법과 삼각형 구도를 사용했고, 능숙한 명암 대조법을 활용했어요. 또한 〈모나리자〉는 벽에 걸 목적으로 그려진 최초의 그림이기도 해요.

레오나르도 다빈치의 〈모나리자〉

미켈란젤로의 〈피에타〉

미켈란젤로

르네상스 시대 이탈리아의 위대한 화가이자, 건축가이자, 조각가였어요. 레오나르도 다빈치의 라이벌이라고 불릴 만큼 뛰어난 작품을 많이 남겼어요.

미켈란젤로의 〈피에타〉는 르네상스 시대의 예술을 대표하는 조각품이에요. '피에타'는 이탈리아 어로 '슬픔', '비탄'이라는 뜻으로, 성모 마리아가 십자가에서 내려진 그리스도를 안고 비통해하는 모습을 표현한 기독교 예술의 주제 중 하나예요. 대리석으로 조각한 미켈란젤로의 〈다비드〉도 뛰어난 작품이에요. 인간을 주제로 한 르네상스 시대의 예술의 특징을 잘 보여 주는 작품이지요.

미켈란젤로의 예술은 인생의 고뇌, 사회의 부정에 대한 분노, 신앙을 미적으로 잘 조화시켰다는 평가를 받아요.

10장
아우슈비츠 강제 수용소에 갇히다

　소라와 아빠는 제2차 세계 대전의 참상을 카메라에 담기 위해 폴란드의 아우슈비츠를 방문했어요. 제2차 세계 대전 당시 나치 독일은 유대인들을 가두기 위해 여러 곳에 강제 수용소를 설치했어요. 아우슈비츠 지역에 있던 수용소는 그중에서도 가장 악명이 높았던 곳이에요.

　수용소 입구에는 '노동이 그대를 자유롭게 하리라.'라는 말도 안 되는 문구가 붙어 있었어요.

　가이드가 소라와 아빠를 아우슈비츠 수용소 안으로 안내했어요. 아빠가 철조망 사진을 찍기 위해 가까이 다가가자 가이드가 말했어요.

"당시에는 지금 사진을 찍으시는 그 철조망에 살짝 닿기만 해도 그 자리에서 목숨을 잃을 정도의 고압 전류가 흘렀습니다. 포로들이 도망치지 못하게 하려고 한 것이죠."

가이드의 말에 아빠는 화들짝 놀라 뒷걸음질을 쳤어요.

"물론 지금은 고압 전류가 흐르지 않으니 겁내지 않아도 됩니다."

가이드가 미소를 지으며 설명해 주었어요.

안으로 좀 더 들어가자 해골 그림이 그려져 있는 건물이 나왔어요.

"저 건물에는 왜 해골 그림이 그려져 있어요?"

"저 건물은 가스실이에요. 제2차 세계 대전을 일으킨 독일의 히틀러는 유대인들을 이 세상에서 사라져야 할 민족이라고 생각했어요. 히틀러는 수많은 유대인들을 이곳 가스실에서 학살했지요."

아우슈비츠 수용소 곳곳에는 나치의 잔인함을 보여 주는 건물들이 고스란히 남아 있었어요. 시신을 태우던 소각장, 고문실, 유대인들을 실어 나르던 기찻길 등이 남아 있었지요.

수용소 안에 있는 전시실로 들어가자 뜻밖의 광경이 펼쳐졌어요.

"어, 여기는 왜 신발들이 전시되어 있어요?"

"이건 이곳에서 죽은 유대인들이 신고 있던 신발이에요. 저기 대여섯 살 정도밖에 안 되는 아이가 신었을 만한 신발도 있지요. 저 신발의 주인도 가스실에서 죽음을 맞이했을 거라고 추측할 수 있어요."

신발은 정말 산더미처럼 쌓여 있었어요. 신발의 주인들이 모두 이곳에서 죽었다고 생각하니, 왠지 가슴이 답답해졌어요.

신발 앞에 한참 서 있던 소라가 발을 구르며 가이드에게 물었어요.

"여기 화장실이 어디 있어요?"

"건물 밖으로 나가서 오른쪽으로 돌면 있어요."

소라는 종종걸음으로 화장실로 달려갔어요.

잠시 뒤, 화장실에서 나온 소라의 눈에 독특한 분위기의 전시관이 보였어요.

"어, 여기는 뭘 전시해 놓은 곳이지?"

호기심이 발동한 소라는 슬쩍 안으로 들어가 봤어요. 그 전시실은 유대인들의 머리카락을 전시해 놓은 곳이었어요. 전시되어 있는 머리카락들은 모두 하얀색인데, 독가스를 너무 많이 뿌려서 탈색된 것이라는 가이드의 말이 떠올랐어요. 나치 독일은 유대인들의 머리카락을 양탄자나 가발로도 사용했다고 해요.

죽은 사람의 머리카락이 잔뜩 쌓여 있는 모습을 보니 수용소에서 얼마나 잔인한 일이 일어났는지 피부로 느낄 수 있었어요.

"이게 다 죽은 사람들의 머리카락이란 말이야? 으…… 조금 무서운데……."

소라는 얼른 밖으로 나가고 싶었어요. 그런데 너무 긴장해서 그런지 출구가 보이지 않았어요.

"아빠! 아빠!"

소라가 고래고래 소리를 지르자 아빠가 달려왔어요.

"소라야, 왜 그러니?"

소라는 아빠를 보자 마음이 좀 놓였어요.

"죽은 사람들의 머리카락이 전시되어 있는 곳에 혼자 있으니까 무서워서요."

"원, 녀석도."

소라와 아빠는 마지막으로 '총살의 벽'을 찾았어요. 총살의 벽에는 총알이 박힌 흔적이 아직도 남아 있었어요. 아우슈비츠를 방문한 사람들은 그곳에 꽃다발을 놓고, 죽은 사람들을 추모하고 있었어요. 소라와 아빠도 그들과 함께 전쟁으로 인해 죽은 모든 사람들을 위해 묵념을 올렸어요.

세계를 혼란스럽게 만든 세계 대전

제1차 세계 대전

1914년, 오스트리아 황태자 부부가 보스니아의 수도인 사라예보에서 총에 맞아 죽으면서 제1차 세계 대전이 시작되었어요. 암살범은 보스니아의 해방을 위해 싸우던 비밀 단체의 구성원이었어요. 당시 세르비아는 러시아의 지원을 받고 있었는데, 은근히 세르비아가 보스니아까지 흡수하면서 통일되기를 바라고 있었어요. 계획된 암살이었음을 알게 된 오스트리아 정부는 이를 구실로 삼아 세르비아에 전쟁을 선포했어요. 그러자 독일과 이탈리아는 오스트리아의 편을 들었어요. 독일, 이탈리아, 오스트리아의 동맹을 삼국 동맹이라고 해요. 반면 러시아, 영국, 프랑스는 삼국 협상을 맺고 세르비아의 편을 들었어요.

얼마 뒤에는 불가리아, 터키, 그리스, 일본 등의 나라도 저마다 편을 갈라 전쟁에 뛰어들었어요. 여기에 영국과 프랑스는 자신들이 지배하고 있던 식민지 국가들까지 전쟁에 끌어들였어요. 전쟁을 하려면 많은 음식, 비용, 무기가 필요했기 때문이지요. 영국은 인도를, 프랑스는 아프리카의 여러 식민지를 전쟁에 동원했어요.

이렇게 해서 30개가 넘는 나라가 동맹군과 연합군으로 갈라져서 전쟁을 벌이게 되었고, 첫 번째로 일어난 큰 전쟁이라는 뜻에서 '제1차 세계 대전'이라고 부르게 되었어요.

제1차 세계 대전으로 바뀐 세계 지도

1914년에 처음 전쟁이 일어났을 때만 해도 대부분의 사람들은 전쟁이 오래

가지 않을 거라고 예상했어요. 하지만 동맹군 진영과 연합군 진영 어느 쪽도 승패를 쉽게 가리지 못한 채 전쟁은 4년이나 이어졌어요. 그러는 동안 수많은 사람들이 목숨을 잃었지요.

　한편 미국은 전쟁에 직접 참여하지 않고, 연합군에 전쟁 물자를 보급하고 있었어요. 그런데 무제한 잠수함 작전에 들어간 독일이 북해에서 지중해에 이르기까지 그 해역을 지나는 모든 선박에 무차별 공격을 하다가 민간인들이

탄 영국 여객선을 어뢰로 공격하는 사건이 일어났어요. 이 배에는 미국인이 2,000명이나 타고 있었지요.

이 사건으로 인해 미국 안에서는 독일과 싸워야 한다는 여론이 높아졌고, 결국 1917년에 미국도 세계 전쟁에 뛰어들었어요. 이때부터 전쟁은 연합군에게 유리하게 돌아갔어요. 마침내 1918년 11월 독일이 항복하면서 제1차 세계 대전은 끝이 났어요.

약 4년간 지속된 제1차 세계 대전은 세계 지도를 바꿔 놓았어요. 패전국인 오스트리아 제국의 지배를 받던 체코슬로바키아와 헝가리 등의 나라가 독립을 했고, 핀란드와 폴란드 등도 독립했어요. 에스토니아, 라트비아, 리투아니아 등의 나라는 이때 새로 세워졌어요.

한편 제1차 세계 대전 이후 아시아와 아프리카의 여러 나라에서는 민족 해방 운동이 활발하게 벌어졌어요. 오랫동안 영국의 식민 지배를 받고 있던 인도, 강대국들에게 시달리고 있던 중국, 일본의 식민 지배를 받고 있던 조선, 유럽의 식민 지배를 받고 있던 베트남, 인도네시아, 미얀마 등의 나라에서 독립의 목소리가 높아지기 시작했어요.

제2차 세계 대전

제1차 세계 대전에서 패전국이 된 독일은 막대한 전쟁 배상금을 물게 되었어요. 돈이 없던 독일은 돈을 마구 찍어 내는 수밖에 없었어요. 그 바람에 독일 화폐는 그 가치가 날이 갈수록 떨어졌고, 물가는 하늘 높은 줄 모르고 치솟

앉으며, 거리에는 실업자가 넘쳤어요. 바로 이때 중산층과 군부의 강력한 지원을 받으면서 나치당을 이끄는 히틀러가 등장했어요.

"여러분, 제가 독일을 가장 강한 나라로 만들겠습니다. 우리 독일인은 가장 완벽한 민족입니다."

독일 사람들은 히틀러의 말을 믿고 1934년에 그를 독일 총통으로 뽑았어요. 하지만 히틀러는 독일 국민들의 기대를 저버리고 독재자가 되었어요. 언론과 출판의 자유를 없애고 다시 전쟁을 일으킬 준비를 했지요.

그 무렵 이탈리아에는 무솔리니가 등장해 파시즘을 주장하며 이탈리아 사람들의 애국심을 자극했어요.

파시즘은 국가와 민족이 개인보다 중요하다고 여기는 극단적인 이념으로, 폭력적인 방법에 의한 독재를 주장하며 지배자에 대한 복종을 강요해요. 무솔리니는 파시즘에 반대하는 사람들을 무자비하게 탄압하며 독재 정치를 펼쳤지요. 한편으로 무솔리니는 강대국들의 움직임을 살피고 있었어요. 이탈리아는 제1차 세계 대전에서 독일과 동맹을 맺었음에도 불구하고 나중에는 연합군 측에 가담했었기 때문이지요.

1939년 9월 1일, 독일의 히틀러가 폴란드를 침공하면서 제2차 세계 대전이 시작되었어요. 제1차 세계 대전이 일어난 지 21년 만이었지요. 1940년, 이탈리아는 독일과 재빨리 동맹을 맺고 전쟁에 함께 참여했어요. 독일, 이탈리아, 일본의 동맹을 '삼국 동맹' 진영이라고 해요.

독일이 폴란드를 침략하자 영국과 프랑스 등의 나라가 모여 '연합국'을 만들었어요. 하지만 연합국은 독일의 상대가 되지 못했어요. 독일은 강력한 전투력을 앞세워 순식간에 유럽 전역을 장악한 뒤, 북아프리카와 소련까지 공격했어요.

이때 일본은 동남아시아의 여러 나라를 침공하며 군사력을 기반으로 세력을 확장해 나갔어요. 일본이 만주를 점령하고 중국까지 진출하자 미국과 영국은 무기 제조에 필요한 고철 수출을 금지하고 석유를 봉쇄하는 등 중국 내에서 군사 행동을 막으려고 했어요. 일본을 견제한 것이죠. 그러자 일본은 1941년 12월, 미국 영토인 하와이의 진주만을 기습 공격했어요. 이렇게 해서 시작된 일본과 미국 사이의 전쟁을 '태평양 전쟁'이라고 해요.

결국 4년 동안 계속된 태평양 전쟁을 시작으로 미국도 제2차 세계 대전에 뛰어들게 되었어요. 그동안 미국은 중립적인 입장을 취하는 한편, 무기 대여법을 만들어 철강 및 기타 품목을 수출하여 영국과 중국을 지원하는 입장이었어요. 하지만 미국이 적극적으로 참전하게 되면서 전세는 차츰 연합국에게 유리하게 바뀌었어요.

그러자 1943년 9월에 이탈리아가 가장 먼저 항복을 선언했어요. 1944년 6월, 연합국은 나치 독일이 점령하고 있던 프랑스의 노르망디 해안에 상륙하면서 확실한 승기를 잡았어요. 1945년에는 무솔리니가 처형되고, 독일도 항복하였으며, 히틀러는 독일이 항복하기 직전에 자살했지요.

하지만 일본은 전쟁을 계속해 나갔어요. 1945년 7월에 독일의 포츠담에서 미국의 트루먼 대통령, 영국의 처칠 수상, 중화민국(타이완)의 장제스 총통,

소련의 스탈린이 회담을 열었어요. 이 회담으로 결정된 '포츠담 선언'을 통해 "일본은 항복하며, 일본의 주권은 연합국이 결정하는 작은 섬들에 국한될 것이다"라고 일본의 권리를 제한하고 항복을 권고했어요. 그러나 일본은 이 선언을 묵살하였어요.

그러자 미국은 1945년 8월에 일본 히로시마와 나가사키에 원자 폭탄을 떨어뜨렸어요. 이것이 바로 인류 최초로 사용된 핵무기예요. 결국 일본 군부는 무조건 항복을 선언할 수밖에 없었어요. 이렇게 해서 7년 동안 이어진 제2차 세계 대전은 끝이 났답니다.

제2차 세계 대전 이후의 세계

1945년 2월, 미국의 루스벨트, 영국의 처칠, 소련의 스탈린은 흑해 연안에 있는 얄타에 모였어요. 전쟁이 끝난 뒤 세계 질서를 어떻게 바로 세울지에 대해 논의하기 위해서였지요.

전쟁에서 큰 역할을 한 미국과 소련은 의견 대립을 보였어요. 그러다 결국 이렇게 합의를 했어요.

"동유럽은 소련의 지배하에 두고, 나머지 유럽 지역은 미국의 영향력 아래 둡시다. 세계 대전을 일으켰던 독일은 소련이 관리하는 동독 지역과 미국, 영국, 프랑스 등이 관리하는 서독 지역으로 나눕시다."

이렇게 해서 제2차 세계 대전 이후 세계는 소련을 중심으로 하는 사회주의 진영과 미국을 중심으로 하는 자본주의 진영으로 갈라지게 되었어요. 평화를 유지하기 위해 연합국은 공식적으로 유엔(UN, 국제 연합)을 만들고 세계 인권 선언을 채택했어요. 그러나 두 진영은 경제나 외교 등에서 계속 대립하며 서로를 견제했어요. 또한 서로를 헐뜯으며 혹시 일어날지 모르는 전쟁을 준비했어요. 긴 기간 동안 이 두 세력이 정치적 긴장을 유지하며 군사적 경쟁을 벌였는데, 이 기간을 '냉전 시대'라고 해요.

냉전 시대는 제2차 세계 대전이 끝난 1945년부터 소련이 붕괴되기 전인 1991년까지 계속되었어요. 그러다 1980년 들어 소련이 개혁 개방 정책을 펼치면서 조금씩 약화되다가 소련이 해체되면서 비로소 끝이 났어요.

홀로코스트

제2차 세계 대전을 치르는 동안 집단으로 죽임을 당한 사람들이 많았어요. 독일의 히틀러는 전쟁을 일으키기 전부터 유대인을 탄압했어요. 히틀러는 제1차 세계 대전에서 독일이 패전한 이유가 유대인 때문이라고 생각했어요. 당시 독일 경제와 언론을 장악한 유대인들이 패전 이후의 독일 경제를 재건하는 데 도움을 주기는커녕 해를 끼쳤다고 여겼지요. 그래서 유대인을 독일인들과 구분하기 위해 노란색의 육각형 별을 달고 다니게 하고, 강제로 '게토'라고 부르는 지역으로 옮겨 가서 살게 했어요.

전쟁을 일으킨 뒤에는 유럽 전역에 흩어져 살던 유대인을 찾아내 강제 수용소로 몰아넣은 후, 샤워실로 위장한 독가스실에서 죽였어요. 제2차 세계 대전 당시 22개의 강제 수용소가 폴란드와 독일에 있었어요. 그중 규모가 가장 큰 아우슈비츠는 나치의 유대인 수용소가 있던 곳이에요. 나치는 독일 제국과 독일의 점령지 전반에 걸쳐 계획적으로 유대인, 장애인, 정치범 등 1,000만 명이 넘는 사람들을 집단 살해했어요. 특히 사망자 중 유대인

독일 병사에게 연행되는 유대인들

은 600만 명으로, 당시 유럽에 거주하던 유대인의 3분의 2 정도였어요. 이때 벌어진 나치의 유대인 학살을 일컬어 '홀로코스트'라고 해요.

이런 박해와 학살은 단계적으로 진행되었지요. 유대인을 사회에서 배척하는 법을 만들고, 집단 수용소를 지은 후 노동을 시켰고, 학살 수용소에는 가스실을 만들었지요. 그래서 나치 독일의 유대인 학살은 히틀러 한 사람만의 범죄가 아닌, 독일 사회가 인종 차별 주의에 동조하여 일어난 범죄였다고 볼 수 있어요.

나중에 독일의 정치 지도자들은 끊임없이 사죄하고 여러 방법으로 주변국들과 화해를 시도했어요. 하지만 제2차 세계 대전이 인류에게 남긴 상처는 매우 크다는 사실을 기억해야 할 거예요.

아우슈비츠 강제 수용소

11장
베를린 장벽에 새겨져 있는 역사

소라와 아빠는 독일 베를린에 도착했어요.

"소라야, 마침 오늘 브란덴부르크 문 앞에서 음악회가 열린다고 하는데 보러 갈까?"

"우아, 재미있겠다!"

소라와 아빠는 베를린 시내 구경도 할 겸 걸어서 가기로 했어요. 그런데 도시 한복판에 다른 도시에서는 볼 수 없는 벽이 세워져 있었어요. 그 벽에는 다양한 그림이 그려져 있었지요.

아빠가 사진을 찍기 시작하자 소라가 물었어요.

"아빠, 벽 사진은 왜 찍는 거예요?"

"아, 이건 그냥 벽이 아니라 독일의 아픈 역사를 담고 있는 베를린 장벽이야."

제2차 세계 대전 이후 독일은 미국, 영국, 프랑스, 소련에 의해 두 나라로 갈라졌어요. 그때부터 동쪽은 동독, 서쪽은 서독이라고 불렀지요.

베를린 장벽은 독일의 수도인 베를린을 동서로 가르는 거대한 콘크리트 벽이었어요.

"아빠, 그런데 장벽의 길이가 그렇게 길진 않네요."

"원래는 1990년 독일이 통일되기 전까지 베를린 장벽은 독일의 수도인 베를린 한가운데를 모두 막고 있었어. 동독의 다섯 개 주가 서독으로 편입되자 사람들이 분단의 상징이었던 베를린 장벽을 거의 다 부수고 이 부분만 남겨 두었단다."

베를린 장벽은 전체의 98퍼센트가 제거되었고, 2퍼센트 정도는 분단의 아픔을 기억하기 위해 그대로 남겨 두었어요. 오늘날 남아 있는 장벽에는 세계 여러 나라 예술가들의 벽화가 그려져 있답니다.

베를린 장벽을 지나자 야외 사진 전시장이 나왔어요. 사진작가인 아빠는 호기심 가득한 눈으로 사진들을 둘러봤어요.

"아빠, 나치의 사진이 엄청 많네요."

"응, 역사의 흔적을 남겨서 사람들에게 깊은 교훈을 주려고 전시하는 것이겠지."

소라와 아빠는 야외 사진 전시장을 지나 브란덴부르크 문 근처까지 걸었어요. 그때 재미있는 상점이 눈에 띄었어요.

"아빠, 저기 좀 봐요. 돌을 파는 가게래요."

소라와 아빠는 호기심에 돌을 파는 가게 안으로 들어가 봤어요.

"아저씨, 이 돌 얼마예요?"

"10유로란다."

가게 주인의 말에 소라와 아빠는 깜짝 놀랐어요.

"아니, 무슨 돌이 10유로나 해요? 그냥 길에서 볼 수 있는 흔한 돌인데, 말도 안 돼요."

아빠가 정색을 하자, 가게 주인은 돌 하나를 꺼내 손바닥에 올려서 자세히 보여 주며 말했어요.

"손님, 이 돌은 그런 평범한 돌이 아닙니다. 1989년 11월 9일, 우리 독일 국민들은 망치를 들고 동독과 서독으로 갈라 놓았던 베를린 장벽을 부수었습니다. 이 돌은 바로 그때 베를린 장벽에서 나온 돌입니다."

가게 주인은 감격에 겨운 표정으로 돌을 쓰다듬으며 말을 이었어요.

"이 돌은 그냥 돌이 아니라 바로 독일의 역사가 담겨져 있는 돌이에요. 10유로로 독일의 역사를 사는 것이죠. 드릴까요?"

그때 아빠가 갑자기 바쁜 척을 하며 소라의 손을 잡아끌었어요.

"이크, 벌써 시간이 이렇게 됐나? 소라야, 빨리 가자. 음악회 시작할 시간이다."

소라와 아빠는 부리나케 가게를 나왔어요.

통일의 독일을 상징하는 브란덴부르크 문 앞에서는 많은 관광객들이 사진을 찍고 있었어요.

"아빠, 우리도 여기서 기념으로 사진 한 장 찍어요."

소라는 브란덴부르크 문 앞에서 기념사진을 찍으며, 통일 독일처럼 제2차 세계 대전 이후 새롭게 생긴 나라에 대해 생각해 봤어요.

세계 대전 이후 새롭게 등장한 국가들

세계 최대의 인구를 가진 공산국가, 중화인민공화국의 탄생

1945년 8월, 중국은 일본과 벌인 전쟁(중일 전쟁)에서 승리했어요. 이때 장제스가 이끄는 국민당 정부와 마오쩌둥이 이끄는 공산당 세력은 힘을 모아 일본에 맞서 싸웠어요. 그런데 일본을 몰아낸 뒤 국민당은 곧바로 공산당을 공격했어요. 권력을 공산당과 함께 나누고 싶지 않았거든요. 마오쩌둥이 이끄는 공산당원들도 국민당에 맞서 싸웠어요. 국민당과 공산당이 남북으로 갈라져 싸운 이 전쟁을 '국공 내전'이라고 해요.

처음에는 국민당이 유리했어요. 군대의 수도 많았고 무기도 다양했으며 미국의 지원까지 받고 있었으니까요. 하지만 공산당은 중국의 농민들에게 지지를 받고 있었어요. 공산당이 장악한 지역에서는 농민들에게 땅을 나누어 주었거든요. 치열한 전투 끝에 결국 마오쩌둥이 이끄는 공산당이 승리했어요.

1949년 10월, 마오쩌둥은 공산당 주석에 취임하였고, '중화인민공화국'을 건국해서 10년 동안 주석 자리에서 권력을 누렸어요. 중화인민공화국을 줄여서 '중국'이라고 불렀지요. 현재 중국에는 홍콩, 마카오, 중화민국(타이완) 등

다수의 정부가 있지만 "19세기는 영국, 20세기는 미국, 21세기는 중국의 시대."라는 말이 있을 정도로 빠르게 성장하고 있어요.

인도의 독립과 파키스탄의 탄생

인도는 18세기부터 영국의 동인도 회사 관리하에 들어갔고, 19세기 중반에는 영국의 직접적 지배를 받게 되었어요. 영국은 인도를 지배하면서 인도 국민들이 서로 단결하지 못하도록 종교를 교묘하게 이용했어요. 힌두교와 이슬람교를 믿는 사람들이 서로를 견제하도록 따로 살게 한 것이죠. 이런 교묘한 정책으로 인해 인도인들은 단결하지 못한 채 영국의 지배를 받았어요.

그러다 마하트마 간디가 '비폭력주의' 독립운동을 펼치며 인도 국민들을 이끌기 시작하면서부터 독립의 불씨가 되살아났어요. 간디는 힌두교인과 이슬람교인들이 서로 손을 잡아야 영국으로부터 독립할 수 있다고 외쳤어요. 1947년, 마침내 인도는 영국으로부터의 독립에 성공했어요.

하지만 힌두교와 이슬람교 사이의 종교적 갈등은 계속되었어요. 인도 땅의 서쪽과 동쪽에 모여 살고 있던 이슬람교인들은 독립 직후 혼란스러운 시기를 기회라고 생각했어요. 이슬람교인들끼리 사는 새로운 나라를 만들기로 한 것이죠. 이렇게 해서 인도에서 분리되어 이슬람 국가가 세워졌는데, 이 나라가 파키스탄이에요. 파키스탄은 인도로부터 분리 독립한 다음에도 분쟁을 계속하다가 동파키스탄과 서파키스탄으로 갈라졌어요. 그러다 동파키스탄은 지금의 방글라데시가 되었고, 서파키스탄은 지금의 '파키스탄'이 되었답니다.

아프리카에 세워진 여러 독립 국가들

19세기에서 20세기에 걸쳐 유럽 강대국들은 아프리카를 차지하려고 서로 싸웠어요. 그러자 1885년, 유럽 강대국들과 미국, 오스만 제국 등이 모여 회담을 열었어요. 이 회담에서 강대국들은 아프리카를 사이좋게 나누어 가지기로 하고, 아프리카에 국경선을 긋기로 했어요. 국경선은 보통 산, 하천, 사막 등 자연·지리적 조건을 기준으로 그어져요. 그러나 아프리카의 경우에는 사막과 열대우림이 널리 퍼져 있어 국경선을 정하기 어려웠어요. 그래서 유럽 강대국들은 그냥 지도상에서 적당히 선을 긋기로 했어요. 이렇게 해서 아프리카 대륙에 임의로 국경선이 그어졌고, 50여 개의 국가가 탄생하게 되었어요. 이 때문에 아프리카에서는 같은 민족들이 다른 나라에서 살거나, 서로 앙숙인 민족이 같은 나라에서 사는 부자연스러운 일이 벌어졌답니다.

그렇게 탄생한 50여 개국은 대부분 유럽 강대국들의 식민 지배를 받았어요. 그러다 제2차 세계 대전이 끝난 뒤 북아프리카에서부터 독립운동이 일어났어요. 1951년, 이탈리아의 식민지였던 리비아가 가장 먼저 독립을 했고, 1952년에는 이집트의 젊은 장교들이 권력을 잡고 외국 세력의 간섭을 거부하겠다는 뜻을 분명하게 보여 줬어요. 영국이나 프랑스가 끝까지 반발했지만, 시대의 흐름을 바꿀 순 없었지요. 1953년, 이집트는 왕을 내쫓고 공화국을 세웠어요. 1956년에는 튀니지, 모로코 같은 국가들이 독립했어요. 이후에도 아프리카의 여러 나라들은 아프리카를 괴롭혀 온 제국주의 국가들을 물리치고 자유를 위해 싸웠어요. 현재는 54개의 독립 주권 국가가 있답니다.

소련의 붕괴와 동유럽 국가들의 탄생

1922년, 레닌에 의해 세워진 최초의 사회주의 국가가 바로 '소비에트 사회주의 공화국 연방(소련)'이에요. 이때 아르메니아, 아제르바이잔, 카자흐스탄, 우즈베키스탄, 타지키스탄 등 15개 나라가 소련에 가입했어요.

제2차 세계 대전 이후 소련은 동유럽과 아시아 사회주의 국가들의 지도국이 되고, 레닌에 이어 스탈린, 흐루쇼프 등 공산당 서기장들이 소련을 이끌었어요.

당시 세계는 미국 중심의 자본주의 세력과 소련 중심의 사회주의 세력으로 나뉘어 있었어요. 미국과 소련 두 나라는 경제, 외교, 정보, 우주 산업 등 각 분야에서 서로 날카롭게 대립했어요. 이 시기가 앞에서 말한 '냉전 시대'예요.

그러다 1985년에 소련 공산당 서기장이 된 고르바초프에 의해 소련은 차츰 바뀌기 시작했어요. 사회주의를 포기하고, 개혁과 개방 정책을 펼쳤지요. 1991년 12월, 사회주의 국가 소련은 다시 러시아, 아제르바이잔, 카자흐스탄, 우즈베키스탄, 타지키스탄 등 15개의 나라로 쪼개졌어요.

소련이 몰락할 무렵, 동유럽 여러 나라에도 개혁의 바람이 불었어요. 정치적으로 소련의 영향권에 속했던 동유럽의 여러 국가들은 일자리도 부족했고, 먹을 것도 없었지요. 그러던 차에 고르바초프가 소련은 더 이상 동유럽에 간섭하지 않겠다고 선언했어요. 그 결과 1989년 헝가리를 시작으로 불가리아, 체코, 슬로바키아, 루마니아 등 많은 나라들이 공산주의 국가에서 자본주의 국가로 바뀌었답니다.

통일 독일의 탄생

제2차 세계 대전이 끝난 후, 약 50년간 독일은 공산주의 국가인 동독과, 자본주의 국가인 서독으로 나뉘어져 있었어요.

동독과 서독 사람들은 처음에는 자유롭게 서로의 국가를 왔다 갔다 할 수 있었어요. 그런데 서독이 미국으로부터 지원 받은 물자를 기반으로 경제적으로 크게 성장하면서 동독과 격차가 생겼지요. 그 결과 점점 서독으로 빠져나가는 사람이 늘어나자 동독은 점점 어려움에 빠졌어요. 결국 동독은 1961년 동베를린과 서베를린 한가운데 베를린 장벽을 세우고, 더 이상 마음대로 오갈 수 없게 만들었어요. 이때부터 베를린 장벽은 냉전 시대의 상징이 되었어요.

그러다 1980년대 중반, 동유럽을 시작으로 공산주의가 무너지고 소련이 해체되자 자본주의 물결이 전 세계를 뒤덮었어요.

1989년 9월, 동독에서도 민주주의와 자유를 요구하는 사람들의 함성이 울려 퍼졌어요. 시위대의 운동이 점점 더 거세지자 동독 정부는 베를린 장벽을 넘는 사람들을 더는 막지 못하고 장벽의 문을 활짝 열었어요.

1989년 11월 9일, 동독과 서독 사이의 자유 왕래가 허용되자 동독 시민들은 망치를 들고 나와 베를린 장벽을 허물기 시작했어요. 이로 인해 동독과 서독이라는 나라는 사라지고, 독일은 통일이 되었지요.

역사 플러스

유럽 연합과 유로존

20세기 후반 세계화가 빠르게 진행됨에 따라 나라 간, 기업 간의 경쟁도 더욱 치열해졌어요. 그러자 유럽의 여러 나라들은 유럽을 하나의 공동체로 묶는 유럽 연합(EU)을 만들었어요. 유럽 연합이 만들어지면서 유럽 연합에 가입한 국가의 국민들은 여권이 없어도 마음대로 나라와 나라를 오갈 수 있게 되었어요. 현재 유럽 연합에 속한 국가들은 28개국이에요. 1999년부터는 유로존을 만들어 '유로'라는 공동 화폐도 사용하기 시작했어요.

하지만 유럽 연합과 유로존은 그 의미가 조금 달라요. 유럽 연합은 유럽 국가의 경제 공동체를 가리키는 말이에요. 반면에 유로존은 유럽 연합 국가 중에서 유로화를 사용하는 나라들을 가리키는 말이지요. 유럽 연합에 속해 있지만 유로존에 포함되지 않은 나라들이 있고, 유럽 연합에 속하지 않지만 유로화를 쓰는 국가도 있어요. 유럽 연합의 영국, 덴마크, 스웨덴 등은 유로화를 사용하지 않고, 유럽 연합이 아닌 모나코와 안도라 공국 등에서는 협정하에 유로화를 사용하

유로존에서 통용되는 유로화

고 있어요. 2016년 현재 유로존에 속한 국가는 19개국이랍니다.

유럽 연합이 처음 만들어졌을 때 사람들은 큰 희망을 걸었어요. 관세가 없어지고 교역이 자유로워지면 소속 국가들에 여러 가지 이점이 있으니까요.

그런데 유럽 연합의 경제 정책이 모든 나라에 좋은 것만은 아니었어요. 유럽 연합에 가입한 국가들의 경제 수준이 크게 차이 났거든요. 산업이 발달하지 않은 유럽의 남쪽 국가들(이탈리아, 그리스 등)은 유럽 연합에 가입한 뒤부터 경제가 점점 더 안 좋아지고 있어요. 또 일부 중앙유럽 국가의 저렴한 노동력이 서유럽으로 몰려들어서 서유럽 국가들은 실업난을 겪기도 해요.

한편 중앙유럽 국가들은 나라의 우수한 인재들이 서유럽으로 빠져나가 국가 발전에 어려움이 있다고 해요.

현재 유럽 연합은 정치적·경제적인 여러 가지 문제를 해결하기 위해 노력하고 있어요.

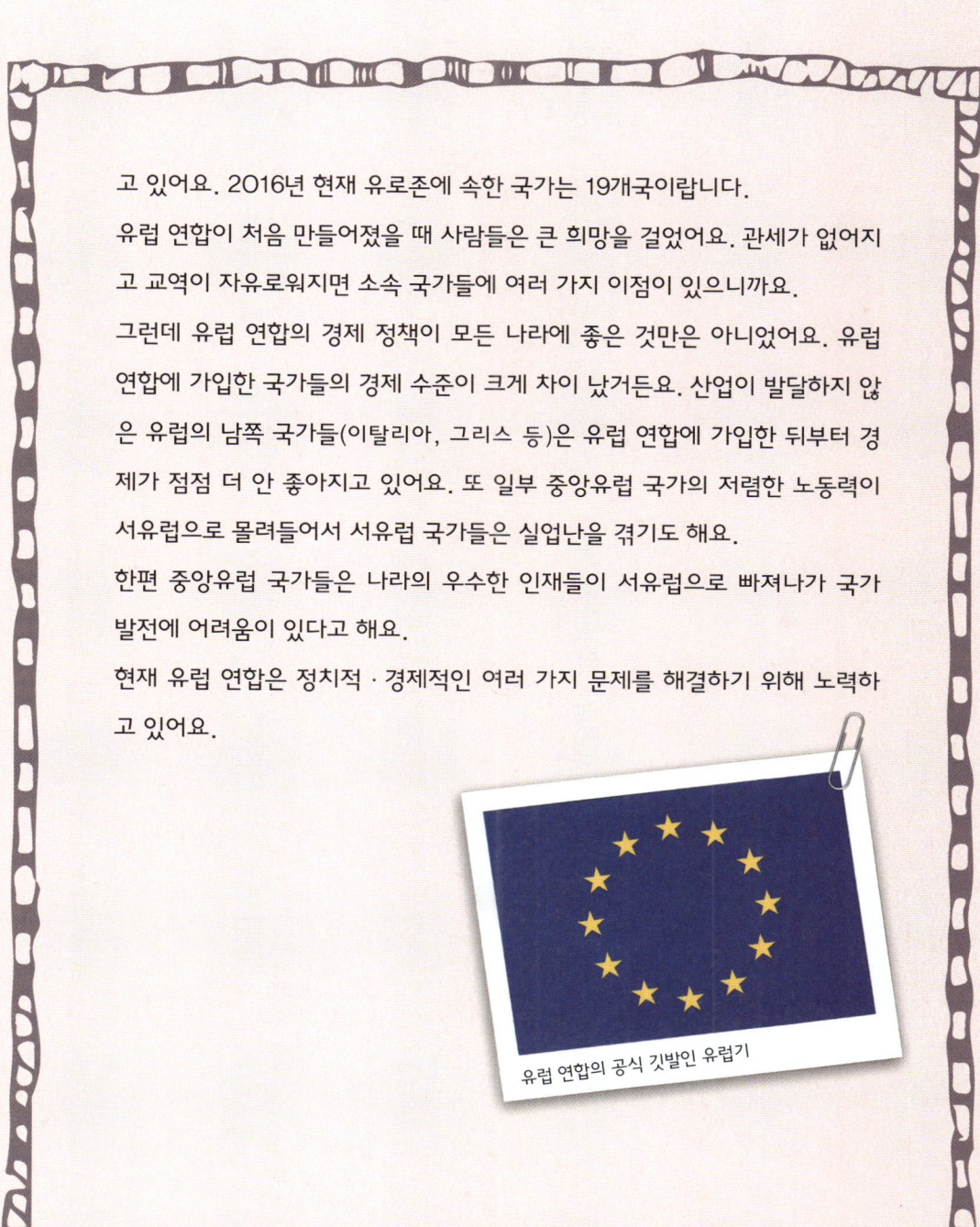

유럽 연합의 공식 깃발인 유럽기

12장
올리브 가지를 든 아이들

　소라와 아빠가 마지막으로 찾은 곳은 이스라엘이었어요. 얼마 전에 이스라엘과 팔레스타인 해방 기구 사이에 무력 충돌이 있었기 때문에 경비가 매우 삼엄했어요.
　"아빠, 이번에는 어떤 사진을 찍을 거예요?"
　"세계 분쟁 지역의 평화와 관련된 사진을 찍으려고 해."
　이스라엘과 팔레스타인의 국경 지대에서 마주친 사람들의 눈에는 팽팽한 긴장감이 감돌았어요. 아빠는 처음으로 사진을 한 장도 찍지 못했어요. 가이드도 조심해야 한다고 여러 번 당부했어요.

"음…… 오늘은 평화의 메시지가 담긴 사진을 찍기 힘들겠는걸. 내일 다시 시도해 보자."

다음 날, 소라와 아빠는 이스라엘에 인접한 팔레스타인 자치 정부 통치 지역인 가자 지구를 찾았어요.

가자 지구의 분위기는 이스라엘보다 더 무거웠어요. 건물들은 무너져 있었고, 거리에는 폭탄 자국이 그대로 남아 있었지요.

소라와 아빠는 무거운 마음으로 사거리에 서 있었어요.

바로 그때 '평화의 씨앗'이라고 쓴 초록색 티셔츠를 입은 아이들이 올리브 가지를 들고 어디론가 가고 있는 모습이 보였어요. 올리브 가지는 비둘기와 더불어 전 세계적인 평화의 상징이라고 해요.

"아이들이 올리브 가지를 들고 어디로 가고 있을까? 소라야, 우리 저 아이들을 따라가 보자."

올리브 가지를 들고 가는 아이들은 '평화의 씨앗'이라는 단체의 회원들이었어요. 아이들은 아슬레라고 하는 친구의 묘지에 참배하기 위해 가는 길이었어요. 아슬레는 이스라엘과 팔레스타인의 평화를 위해 많은 노력을 기울인 어린이예요. 1998년 스위스 빌라르에서 열린 '중동 청소년 정상 회의'에서는 직접 '빌라르 헌장'을 발표했지요.

"이스라엘과 팔레스타인은 서로 자기 입장만 내세우고 있습니다. 이곳이 누구의 땅인지를 놓고 다투기보다는 이제 이 땅에서 함께 잘 살 수 있는 방법을 찾는 게 중요합니다."

또한 아슬레는 '씨앗망'이라고 하는 인터넷 사이트에 '이스라엘과 팔레스타인이 평화를 이루는 길'이라는 글을 써서 올렸고, 여러 곳을 찾아다니며 연설을 하기도 했어요. 하지만 2000년 10월 2일에 아슬레는 시위에 참가했다가 그만 총에 맞아 죽고 말았어요.

그 뒤 매년 10월 2일이 되면 '평화의 씨앗' 회원들은 아슬레의 묘지를 참배하고, 그가 남긴 평화의 정신을 기리고 있어요.

아슬레의 묘지 위에는 뜻밖의 사진이 놓여 있었어요. 이스라엘 소녀 아이젠바움과 아슬레가 함께 찍은 사진이었지요. 그 사진 밑에는 짧은 글이 적혀 있었어요.

"아슬레, 난 아직 우리가 꿈꾸던 평화로운 세상이 찾아올 거라고 믿고 있어. 중요한 건 우리의 마음인 거 같아. 우리가 평화롭게 살기를 진심으로 원한다면 우리 삶은 평화로워질 수 있을 거야. 평화는 저절로 찾아오는 게 아니라, 우리의 노력으로 얻을 수 있는 거니까. 아슬레, 나도 이스라엘과 팔레스타인의 평화를 위해 열심히 노력할게. 하늘나라에서 지켜봐 줘."

그 글을 읽은 아이들의 눈시울이 붉어졌어요.

아빠는 가만히 자리에서 일어나 올리브 가지를 들고 기도하는 아이들의 모습을 카메라에 담았어요.

지구촌에는 전쟁, 기아와 빈곤 등 아직 해결해야 할 문제가 많아요. 전쟁을 하면 많은 사람들이 죽거나 다쳐요. 자연환경도 오염되고, 경제도 안 좋아져요. 전쟁의 피해를 복구하는 데도 오랜 시간이 걸리지요.

지구촌의 기아와 빈곤 문제도 하루빨리 해결해야 할 문제예요. 지구촌 한쪽에서는 비만이 사회적 문제인데, 다른 한쪽에는 먹을 게 없어서 굶어 죽는 사람들도 있답니다. 이렇게 심각한 빈부 격차는 나라와 나라 사이에만 존재하는 게 아니라, 한 나라 안에서도 존재하고 있어요. 이런 문제들은 개인이나 한 국가의 노력만으로는 해결하기 힘들어요. 그래서 지구촌의 많은 사람들이 지구촌의 여러 문제를 해결하기 위해 팔을 걷어붙이고 있답니다.

아빠가 부지런히 카메라 셔터를 누르는 동안 소라는 분쟁으로 얼룩진 이스라엘과 팔레스타인 땅에도 하루빨리 평화가 찾아와 기아와 빈곤이 사라지길 간절히 바랐어요.

세계의 분쟁 지역과 평화

이스라엘과 팔레스타인의 분쟁

이스라엘과 팔레스타인의 분쟁은 벌써 60년이 넘게 계속되고 있어요. 두 나라의 다툼은 왜 시작되었을까요? 제2차 세계 대전 때 영국은 전쟁에서 이기려고 유대인들에게 도움을 청했어요.

"연합국이 승리하도록 군수 자금을 지원해 주시오."

"좋소! 그럼 전쟁이 끝나면 팔레스타인에 속해 있는 유대 땅(지금의 이스라엘 땅)을 우리에게 주시오. 그 땅은 원래 우리 조상들이 살던 땅입니다."

유대인들은 2000년 동안 나라 없이 전 세계를 떠돌고 있었어요. 이들은 오랜 기간 동안 동유럽, 아메리카 등으로 흩어져 살면서도 자신들의 문화와 전통을 지키기 위해 노력했어요. 제2차 세계 대전 때, 당시 독일의 나치 정부가 유대인을 무참하게 학살하자, 유대인들 사이에서는 조상들이 살던 땅에 나라를 세우려는 움직임이 일어났어요. 당시 팔레스타인이 영국의 지배 아래 있었기 때문에 유대인들은 팔레스타인 땅을 놓고 영국과 협상을 했지요. 영국은 유대인들의 조건을 받아들였어요.

1948년, 전쟁이 끝나자 세계 각지에 흩어져 살던 유대인들은 팔레스타인 땅으로 이주해 이스라엘을 세웠어요. 그 바람에 2000년 동안 이 땅의 주인이던 팔레스타인 사람들은 졸지에 나라를 잃은 난민 신세가 되고 말았지요.

　팔레스타인 국민들은 목숨을 걸고 이스라엘에 맞섰어요. 이슬람교를 믿는 중동의 여러 나라도 팔레스타인 편에 서서 이스라엘에 반대했어요. 결국 팔레스타인, 이집트, 요르단, 사우디아라비아, 시리아, 레바논 등 아랍 국가들이 힘을 모아 이스라엘을 선제 공격했는데, 이것을 '제1차 중동 전쟁'이라고 해요. 하지만 미국 등 강대국의 지원을 받는 이스라엘은 막강한 군사력을 가지고 있었어요. 1948부터 1973년까지 네 차례의 중동 전쟁이 벌어졌지만, 모두 이스라엘의 승리로 끝이 났어요.

　이후, 팔레스타인 사람들은 가자 지구에 갇혀 사는 신세가 되었어요. 가자 지구는 팔레스타인 사람들이 모여 살고 있는 곳으로, 길이 약 50킬로미터, 폭 5~8킬로미터에 걸쳐 가늘고 길게 뻗은 지역이에요. 서쪽은 바다로 막혀 있고 나머지 국경들도 높은 콘크리트 장벽으로 가로막혀 있는, 지붕 없는 거대한 감옥과도 같은 곳이죠.

　이스라엘과 팔레스타인은 종교가 중심인 나라예요. 이스라엘은 유대교를 믿고, 팔레스타인은 이슬람교를 믿지요. 이 두 종교는 모두 평화를 중요하게 생각허요. 하지만 60여 년 동안 지속된 분쟁 역사에서 보듯 두 나라 사이에 '평화'가 깃들 기미는 전혀 없어요. 오히려 시간이 지날수록 두 나라 사이의 갈등의 골은 점점 더 깊어지고 있답니다.

인도와 파키스탄의 분쟁

남아시아의 카슈미르는 인도, 파키스탄, 중국 세 나라의 국경과 맞닿아 있는 남아시아의 산악 지대로, 자연경관이 무척 아름다운 곳이에요. 1846년부터 카슈미르는 인도의 힌두교 정권이 지배하고 있었어요. 하지만 주민의 대부분은 이슬람교도였어요. 그러다 1947년에 인도를 식민 지배하고 있던 영국이 인도에서 철수했어요. 이때 이슬람교를 믿는 사람들이 인도에서 떨어져 나가 새로운 나라를 세웠는데, 이 나라가 바로 파키스탄이에요.

문제는 카슈미르에서 살고 있는 이슬람교인들이었어요.

"우리도 이슬람교를 믿는 사람이니까 당연히 파키스탄에 들어가야 해."

그런데 힌두교인이었던 카슈미르의 지도자 하리 싱은 주민들의 의견을 무시하고, 카슈미르를 인도에 편입해 버렸어요. 이에 화가 머리끝까지 난 주민들은 폭동을 일으켰지요. 다급해진 하리 싱은 부랴부랴 인도 정부에 지원 요청을 했고, 인도에서는 군인들을 보내 카슈미르 주민들의 폭동을 진압했지요.

그러자 파키스탄도 가만히 보고만 있지 않았어요. 파키스탄 정부도 곧 카슈미르에 군대를 보내 인도군과 맞서 싸웠어요. 이것이 바로 제1차 인도-파키스탄 전쟁이에요. 1949년, 두 나라는 카슈미르를 나눠 가지기로 합의하고 휴전을 했어요. 이때부터 카슈미르 북부는 파키스탄령이 되었고, 남부는 인도령이 되었답니다. 하지만 이후에도 인도는 카슈미르 전체를 인도 영토라고 주장하면서 반환을 요구하고 있어요. 물론 파키스탄은 인도의 요구를 철저히 무시하고 있지요. 이 때문에 지금까지 인도와 파키스탄의 분쟁이 계속되고 있는 거예요.

게다가 1962년에는 중국이 카슈미르의 동쪽을 침공하여 자신들의 영토에 편입시켰어요. 그래서 현재 카슈미르는 인도령, 파키스탄령, 중국령 세 곳으로 갈라져 있어요.

러시아와 체첸의 분쟁

1991년, 소련이 무너지면서 러시아가 세워졌고, 소련에 속해 있던 15개의 나라가 독립을 했어요. 이때 자치공화국이던 체첸도 독립을 요구했지만 뜻을 이루지는 못했어요.

왜 그랬을지 궁금하죠? 바로 체첸 땅에 묻혀 있는 엄청난 양의 석유 때문이었어요. 체첸이 위치해 있는 카스피 해 연안에는 어마어마한 석유가 매장되어 있어요. 러시아는 이 석유를 차지할 욕심에 체첸을 독립시키지 않고 지방 공화국으로 삼았어요.

1994년, 체첸에서 친러시아 세력과 반러시아 세력 간의 다툼이 일어나자, 러시아가 병력을 파견하면서 제1차 러시아-체첸 전쟁이 벌어졌어요. 러시아군은 1995년 5월 수도 그로즈니를 장악하였으나, 체첸의 무장 세력이 격렬히 저항하면서 양쪽을 합쳐 4만 명 이상의 사람들이 목숨을 잃었어요.

1999년에도 러시아는 체첸의 수도에 공중 폭격을 가했어요. 이로 인해 체첸의 수도 그로즈니는 완전히 초토화되었고, 수십만 명의 사람들이 죽었답니다. 이후에도 체첸은 독립을 위해 게릴라전을 펼치고 자체적으로 '이츠케리아'

라는 나라를 세워 투항했어요. 하지만 끝내 독립의 꿈은 이루지 못하고 현재까지 러시아의 공화국으로 남아 있답니다.

평화에 대한 간절한 꿈

지금 이 순간에도 이라크, 중앙아프리카 공화국, 나이지리아, 시리아, 중국, 소말리아, 아프가니스탄 등 세계 곳곳에서는 분쟁이 계속되고 있어요. 분쟁은 크게 민족 분쟁, 종교 분쟁, 영토 분쟁 등으로 나눌 수 있어요.

여러 민족으로 이루어진 국가에서는 민족 간의 분쟁이 끊이지 않고 있어요. 위그르는 현재 중국에 속해 있지만 다수 민족인 한족과 소수 민족인 위그르족은 완전히 다른 민족이에요. 게다가 위그르족은 이슬람교를 믿고 있지요. 이렇게 다른 민족이 한 나라에서 함께 살게 되면 민족 분쟁이 생겨날 가능성이 높아져요.

인도-파키스탄 분쟁, 이스라엘-팔레스타인 분쟁처럼 종교로 인해 갈등이 생기기도 해요. 자신들의 종교 외에 다른 종교는 인정하지 않으려는 생각이 분쟁을 일으키는 주된 이유지요.

더 넓은 영토를 차지하기 위해 서로 다투기 시작하면 영토 분쟁이 일어나요. 중국과 일본의 센카쿠 열도 분쟁이 이에 해당하지요. 중국과 일본은 서로 센카쿠 열도를 자기들의 땅이라고 주장하며 맞서고 있어요.

또 서로 다른 생각이나 정치 이념 때문에 분쟁이 일어나기도 하고, 석유 같은 자원을 차지하기 위해 분쟁을 일으키기도 해요.

국가와 국가 사이에 분쟁이 일어났을 때는 대화와 타협을 통해 해결해야 해요. 무력으로 상대방 국가를 공격한다고 분쟁이 해결되는 게 아니거든요. 그렇게 하면 오히려 분쟁은 더 길어져요. 전쟁에서 진 쪽은 그냥 물러서지 않고, 테러 등의 수단을 통해 계속 저항하기 때문이지요. 그러다 보면 수많은 사람들이 죽거나 다치게 돼요. 그래서 시간이 걸리고 힘들더라도 분쟁 대신 대화와 타협으로 평화롭게 해결해야 하는 거예요.

하지만 분쟁이 일어나면 어느 쪽이 옳은지 쉽게 판단할 수 없어요. 자신들의 이익만 앞세우고, 상대방의 의견을 무시하면 분쟁은 영원히 해결할 수 없지요. 그래서 국제 연합의 역할이 아주 중요해요.

국제 연합은 서로 이해관계가 다른 나라 사이의 갈등을 조정하고, 국제 사회가 협력을 이뤄 나갈 수 있도록 도와주고 있어요. 분쟁이 일어난 지역에 평화 유지군을 파견해서 전쟁을 막는 활동도 하고 있지요.

물론 국제 연합의 이런 활동만으로 모든 분쟁을 다 해결할 수 없어요. 우리 모두가 진심으로 평화를 원하고, 대화와 타협으로 문제를 해결하려는 마음을 가지고 있을 때 진정한 평화가 찾아올 거예요.

세계 평화를 위한 활동 단체

국경 없는 의사회

1971년 나이지리아 내전과 동파키스탄 홍수 이후 프랑스 의사와 언론인들이 힘을 합쳐 만들었어요. 그 뒤 세계 여러 나라 사람들이 국경 없는 의사회에 가입했고, 현재 전 세계 60개국에서 3만여 명

국경 없는 의사회 로고

의 의사들이 활동하고 있어요. 대표적인 국제 비정부기구(NGO)라고 볼 수 있어요. 주로 분쟁이 일어난 지역에서 의료 혜택을 받지 못한 사람들을 치료하고 돕는 일을 하고 있어요. 1999년에 국경 없는 의사회는 노벨 평화상을 받았어요.

플랜 인터내셔널

플랜(Plan)은 에스파냐 내전의 종군 기자로 참여했던 영국의 저널리스트 존 랭턴 데이비스와 그의 친구 에릭 버거리지가 1937년에 설립한 세계 최대 규모의 국제구호개발 NGO예요. 데이비스는 수많은 전쟁 고아들을 돕기 위해 한 명의 후원자가 한 어린이를 후원하는 방법(결연 후원)을 고안했지요. 또 어린이가 사는 지역과 생활 환경을 향상시켜 보다 근본적으로 빈곤에서 벗어날 수 있

도록 했어요. 플랜은 한국 전쟁 후 우리나라에서도 1953년부터 1979년까지 구호 활동을 펼치기도 했어요.

플랜은 개발도상국 어린이들과 지역 사회의 발전을 후원하며 전 세계 모든 어린이들에게 보다 나은 세상을 만들어 주기 위해 노력하고 있어요.

플랜 인터내셔널 로고

어린이재단

1938년 10월에 클라크 목사가 만든 재단으로, 1948년 해방 직후 어려움에 처한 한국 아동들을 돕기 위해 우리나라에 들어와 활동하기도 했어요.

어린이재단 로고

국제 어린이재단 연맹의 12개 회원국 중 하나인 국내의 어린이재단도 세계 58개국에서 어린이들을 위해 활발히 활동하고 있어요. 인종, 종교, 성별, 국적에 관계없이 소외된 아동들의 삶의 질 향상을 위해 노력하는 단체지요.

열 살에 꼭 알아야 할 세계사

초판 1쇄 발행 2016년 4월 4일
초판 4쇄 발행 2020년 10월 14일

글 | 황근기
그림 | 이용규
펴낸이 | 한순 이희섭
펴낸곳 | (주)도서출판 나무생각
편집 | 양미애 백모란
디자인 | 박민선
마케팅 | 이재석
출판등록 | 1999년 8월 19일 제1999-000112호
주소 | 서울특별시 마포구 월드컵로 70-4 (서교동) 1F
전화 | 02)334-3339, 3308, 3361
팩스 | 02)334-3318
이메일 | tree3339@hanmail.net
홈페이지 | www.namubook.co.kr
블로그 | blog.naver.com/tree3339

ISBN 979-11-86688-38-0 73900

값은 뒤표지에 있습니다.
잘못된 책은 바꿔 드립니다.

이 도서의 국립중앙도서관 출판예정도서목록(CIP)은 서지정보유통지원시스템 홈페이지(http://seoji.nl.go.kr)와 국가자료종합목록 구축시스템(http://kolis-net.nl.go.kr)에서 이용하실 수 있습니다.
(CIP제어번호: CIP2016006489)